C.H.BECK WISSEN

in der Beck'schen Reihe

Der Erste Weltkrieg gilt als die Urkatastrophe der deutschen Geschichte im 20. Jahrhundert. Bis heute ist sich die Wissenschaft uneins über den Grad der Verantwortung, die dem letzten deutschen Kaiser, Wilhelm II., dafür anzulasten ist. Hatte der Monarch – bei aller Selbstherrlichkeit, bei allem Säbelrasseln, bei allem Versagen auf diplomatischem Parkett – tatsächlich solchen Einfluß auf die deutsche Politik, daß maßgeblich er den Weg in den Untergang bahnte? John C. G. Röhl, einer der besten Kenner der Geschichte des Kaiserreichs im allgemeinen und seines Protagonisten im besonderen, hat in seinem dreibändigen *opus magnum* auf mehr als 4000 Seiten die Entwicklung des Herrschers von seiner Geburt bis zum Tod im Exil in den Niederlanden nachgezeichnet und dabei dessen innen- und außenpolitisches Wirken minutiös dokumentiert. Für diese biographische Meisterleistung wurde er 2013 mit dem Einhard-Preis ausgezeichnet. Nun legt er eine biographische Miniatur zu Wilhelm II. vor, die sich – wie schon das Hauptwerk – durch die einzigartige Verbindung von präziser Information, klarer Argumentation und höchster Darstellungskunst auszeichnet.

John C. G. Röhl lehrte bis zu seiner Emeritierung als Professor für Neuere europäische Geschichte an der Universität Sussex. Im Verlag C.H.Beck sind von demselben Autor lieferbar: *Kaiser, Hof und Staat. Wilhelm II. und die deutsche Politik* (2. Aufl. in der bsr, 2007); *Wilhelm II. Die Jugend des Kaisers. 1859–1888* (^{3}2009); *Wilhelm II. Der Aufbau der Persönlichen Monarchie. 1888–1900* (^{2}2012); *Wilhelm II. Der Weg in den Abgrund. 1900–1941* (^{2}2009)

John C. G. Röhl

WILHELM II.

Verlag C.H.Beck

Angela und Nora
in memoriam

Mit einer Abbildung
(© Royal Collection Trust / Her Majesty Queen Elizabeth II 2013)
und zwei Karten auf den Umschlaginnenseiten
(gefertigt von Peter Palm, Berlin)

Originalausgabe

Satz: Fotosatz Reinhard Amann, Aichstetten
Druck und Bindung: Druckerei C.H.Beck, Nördlingen
Umschlagabbildung: Gemälde Wilhelms II. (Kurhaus Wiesbaden)
Photo: Horst Goebel
Printed in Germany
ISBN 978 3 406 65482 4

www.beck.de

Inhalt

Vorwort

Es ist nicht allzulange her, da galt Wilhelm II. noch als Unperson. Der Monarch, der dreißig Jahre lang (von 1888 bis 1918) als Deutscher Kaiser, König von Preußen und Oberster Kriegsherr das mächtige preußisch-deutsche Kaiserreich im Herzen Europas regierte, wurde von den deutschen Fachhistorikern übergangen. Keiner von ihnen hatte sich mit diesem schillernden, machtbewußten und überall Anstoß erregenden Herrscher ernsthaft befaßt, der 1890 den Reichsgründer Fürst Bismarck entließ, eine Riesenflotte gegen England aufbaute und 1914 sein blühendes Reich in den Ersten Weltkrieg führte. Man muß kein Sherlock Holmes sein, um diesem eklatanten Versäumnis auf den Grund zu kommen: Wie das verräterische Schweigen in dem Detektivroman *Der Hund von Baskerville* war die Tabuisierung Wilhelms II. in der Weimarer Republik und der Nazizeit Ausdruck jener Kampagne der vaterländischen Geschichtsschreibung zur Zurückweisung der «Kriegsschuldlüge» von Versailles. In den letzten drei Jahrzehnten hat sich unser Verständnis dafür, wie Kaiser Wilhelm in der deutschen Geschichte einzuordnen sei, jedoch gründlich verändert. Seine Persönlichkeit, seine Weltanschauung, seine autokratische Herrschaftsmethode und seine Schlachtflotten- und Weltmachtpolitik stehen heute im Mittelpunkt einer lebhaften Auseinandersetzung über Kontinuitäten und Brüche in der Geschichte des ersten deutschen Nationalstaates von 1871 bis 1945. Quellengesättigte Biographien, tausendseitige Dokumentenbände, wissenschaftliche Ausgaben seiner Reden, Monographien über sein Verhältnis zu Militär, Religion, Kunst, Wissenschaft, Film, zur technisch-industriellen Welt sowie psychologische und kulturanthropologische Untersuchungen zu seinem Freundeskreis beziehungsweise zum skandalumwitterten Hohenzollernhof – all das ist inzwischen genau erarbeitet worden. Gewiß bleibt noch einiges zu tun – die russischen und französischen Archive zum Beispiel sind kaum ausgewertet worden – und gewiß bleibt das Gesamturteil weiterhin umstritten. Wer allerdings ehrlich nach der Wahrheit sucht, statt althergebrachten Wunschbildern nachzutrauern, der wird den Deutungsspielraum durch die erwiesenen Tatsachen stark eingeengt vorfinden. In diesem Band soll der Versuch gemacht werden, unser Wissen über den letzten deutschen Kaiser auf der Grundlage moderner Forschungsergebnisse zusammenzufassen. Das Bild, das sich daraus ergibt, hat sich um mehrere Schattierungen verdunkelt.

Überblick: Wilhelm der Letzte, ein deutsches Trauma

Kaiser Wilhelm II. wurde am 27. Januar 1859 in Berlin geboren und starb am 4. Juni 1941 im Alter von 82 Jahren im holländischen Exil. Chronologisch deckt sich sein Leben also fast genau mit dem Aufstieg und Zusammenbruch des ersten deutschen Nationalstaates, den Bismarck durch die drei Kriege von 1864, 1866 und 1870/71 gründete und der in der Katastrophe des Zweiten Weltkrieges sein jähes Ende fand. Wilhelm II. war alles andere als ein stiller Zuschauer der gewaltigen Ereignisse seiner Zeit. Von seiner Thronbesteigung im sogenannten Dreikaiserjahr 1888 bis zu seiner Abdankung und Flucht nach Holland am 9. November 1918 regierte er nicht nur als Repräsentationsfigur, sondern auf sehr direkte und persönliche Weise das Deutsche Reich und dessen Hegemonialstaat, die mächtige Militärmonarchie Preußen.

Freilich, Wilhelm war kein Diktator. Er mußte sich mit dem jeweiligen Reichskanzler und preußischen Ministerpräsidenten, mit den preußischen Staatsministern und den Staatssekretären der Reichsämter, mit dem Reichstag und dem preußischen Landtag sowie mit den verbündeten Regierungen der übrigen deutschen Königreiche, Großherzogtümer, Herzogtümer und

Freien Städte arrangieren. Zunehmend schränkte auch die Öffentlichkeit in Gestalt von politischen Parteien, Kirchen, Gewerkschaften, Interessenverbänden, Pamphleten, Pressekritik und Volksdemonstrationen bis zu einem gewissen Grad seinen persönlichen Einfluß ein. Aber im Zentrum der Macht, und erst recht in der Personal-, Militär-, Außen- und Rüstungspolitik, bestimmte Kaiser Wilhelm bis zum Kriegsentschluß 1914 – eine Entscheidung, an der er maßgeblich beteiligt war – ganz wesentlich den Lauf der Dinge. Zwar geriet er während des Ersten Weltkriegs zunehmend in den Schatten der Generäle, doch selbst dann behielt er in allen wichtigen Fragen das letzte Wort.

Die Grundlage seiner starken Machtstellung erbte der gerade erst 29jährige Wilhelm II. im Juni 1888 von seinem Großvater und von seinem Vater, war es Bismarck doch gelungen, die «Persönliche Monarchie» der Hohenzollern vor den «konstitutionellen Daumenschrauben» der parlamentarischen Kontrolle zu bewahren. Wilhelm ging jedoch noch viel weiter. Nicht nur feuerte er 1890 den «Lotsen» Bismarck, um das Steuer an sich zu reißen. Im Lauf der 1890er Jahre baute er Schritt für Schritt, im stillen beraten von seinem ihm schwärmerisch ergebenen Günstling Philipp Graf zu Eulenburg, seine persönliche Macht in atemberaubender Weise aus. Dabei fehlten dem zwar vielseitig interessierten und zweifellos auch begabten, aber doch hochgradig emotionalen und ruhelosen Monarchen schlicht das Augenmaß, Besonnenheit und Klugheit, um das dynamischste und mächtigste Reich in Europa sicher zu leiten. Die Hervorkehrung seines Gottesgnadentums, sein aggressiv zur Schau getragenes Autokratentum, sein säbelrasselnder Militarismus, seine offenkundige Selbstverliebtheit und der byzantinische Servilismus, den diese Erwartungshaltung am Hof und selbst bei den obersten Staatsdienern erzeugte, wirkten wie ein Rückfall ins 18. Jahrhundert und wurden als Affront gegen das eigene Volk empfunden. Die Skandale und Krisen, die viele gleich zu Beginn seiner Herrschaft vorausgesagt hatten, ließen nicht lange auf sich warten. Ebenfalls zum Scheitern verurteilt waren Wilhelms bauernschlaue Versuche, mittels seiner Verwandtschaft mit dem britischen Königshaus einerseits und der russischen Zarenfamilie andererseits seine hegemonialen Ambitionen in Europa zu verschleiern. Über den Schlachtflottenbau seit 1897, den Russisch-Japanischen Krieg 1904/05, die Erste Marokkokrise 1905/06, die Bosnische Annexion 1908/09, die Agadirkrise 1911 und die beiden Balkankriege 1912/13 führte der Weg mäandrierend in den Abgrund des Ersten Weltkriegs.

Mit seiner schmachvollen Flucht ins Exil nach Holland im November 1918 verlor Kaiser Wilhelm jedweden Einfluß auf die Gestaltung der deutschen Politik. Er kämpfte erfolgreich gegen seine Auslieferung als Kriegsverbrecher an ein Tribunal der Siegermächte, das ihn, wenn nicht zum Tode, so doch zur Verbannung auf die Teufelsinsel oder die Falklands verurteilt hätte. In den 23 Jahren des Exils entwickelte der verbitterte Ex-Kaiser einen paranoiden Rassenwahn und Judenhaß, der sich durchaus mit der rabiaten Agitation der Nationalsozialisten messen kann. Er hätte sich Hitler mit fliegenden Fahnen angeschlossen, wäre dieser nur bereit gewesen, ihn wieder auf den Thron zu setzen. So bildet auch das Kapitel über die machtlosen Jahre des Kaisers im Exil ein Lehrstück zur Kontinuität in der deutschen Geschichte in der ersten Hälfte des 20. Jahrhunderts. Beginnen wir aber am Anfang – mit der schicksalsschweren Geburt des künftigen Thronfolgers am 27. Januar 1859.

I. Der gepeinigte Preußenprinz (1859–1888)

Seelenmord an einem Thronerben

Die Hochzeit seiner Eltern in London 1858 galt als Talisman einer engen Beziehung zwischen Großbritannien mit seinem ozeanischen Riesenreich und dem aufstrebenden Königreich Preußen auf dem Kontinent: Die siebzehnjährige Prinzessin Victoria, Vicky genannt, war das älteste Kind Queen Victorias und des Prinzgemahls Albert aus dem Hause Sachsen-Coburg und Gotha, der Bräutigam Prinz Friedrich Wilhelm (Fritz) der einzige Sohn des 61jährigen Prinzen Wilhelm von Preußen, der seit kurzem für seinen geisteskranken und kinderlosen Bruder Friedrich Wilhelm IV. die Regentschaft führte. Mit der Geburt eines Sohnes am 27. Januar 1859 schienen die Hohenzollerndynastie und der Friede in Europa auf Jahrzehnte gesichert. Sinnträchtig erhielt der neugeborene Prinz von Preußen die Namen auch seiner englischen Großeltern: Friedrich Wilhelm Viktor Albert.

Die Entbindung fand im obersten Stock des Kronprinzenpalais zu Berlin Unter den Linden statt. Die Umstände bei der Geburt galten lange Zeit als ungeklärt, liegen jetzt aber dank der Dokumente im Familienarchiv offen zutage: Die Wehen der Mutter begannen am Nachmittag des 26. Januar. Der Vater, der während der Niederkunft seiner Frau nicht von ihrer Seite wich, schickte am frühen Abend mit der gewöhnlichen Post (!) einen Brief an den Frauenarzt Professor Dr. Eduard Arnold Martin, ohne ahnen zu können, daß sich das Kind in Steißlage befand – den Kopf nach oben, die Beine und Arme hochgestreckt. Erst als diese Stellung, die Lebensgefahr für Mutter und Kind bedeutete, am folgenden Morgen erkannt wurde, schickte der Prinz einen Boten zu Martin, der den Brief des Vortags noch nicht erhalten hatte. Der Frauenarzt fand also eine Notlage vor, als er in den Kreißsaal eilte. Er ließ die leidende Mutter durch den schottischen Arzt, den Queen Victoria nach Berlin geschickt hatte, mit Chloroform betäuben, ordnete – da die Wehen nicht genügend Stoßkraft besaßen – die Verabreichung von Mutterkorn (eigentlich ein Abtreibungsmittel) an und suchte nun das Kind, das vom Ersticken bedroht war (da es die Nabelschnur mit dem Kopf abdrückte), aus dem Geburtskanal zu lösen. Bei dem Versuch, den über den Kopf emporgestreckten linken Arm des Babys herunterzuziehen und «mittels desselben» dessen Körper zu rotieren, wurde dessen Nervengeflecht am Hals zerrissen: Der künftige König der Militärmonarchie Preußen und nachmaliger Kaiser des mächtigen Deutschen Reiches kam nicht nur «in hohem Grade scheintodt», sondern auch mit einer sogenannten Armplexuslähmung zur Welt.

Die nächsten Tage und Wochen brachten die Gewißheit, daß der kleine Prinz eine schwere Geburtsverletzung erlitten hatte. Zwischen dem linken Oberarm und der Schulterpartie entwickelte sich eine deutliche Falte. Das linke Schultergerüst und der Arm hingen schlaff herunter, das Ellbogengelenk war dagegen steif. Im Vergleich zum rechten Arm war der linke kalt und zu kurz; mit der Zeit wurde der Unterschied sichtlich größer. Auch die linke Hand blieb kleiner als die rechte, ihre auffallend spitzen Finger waren klauenartig eingeschlagen. Die Ursache für die besorgniserregende Mißbildung war jedoch rätselhaft. Man ging von einer Quetschung der Muskeln aus, die mit der Zeit heilen würde, empfahl kalte Waschungen, Einreibungen mit Alkohol, passive Bewegungen des lahmen Gliedes. Allein schon die Anordnung des Leibarztes, den rechten Arm festzubinden, um das Kleinkind zum Gebrauch des linken Armes anzuregen, beweist, wie unvollkommen das Wissen der damaligen Medizin über das Nervensystem war. Erst allmählich setzte sich die Überzeugung durch, daß die Lähmung nicht auf eine Muskelverletzung, sondern auf einen Hirn- oder Nervenschaden zurückzuführen und deshalb unheilbar war.

Aufgrund der falschen Diagnose wurden geradezu groteske therapeutische Maßnahmen ergriffen. Als der Prinz sechs Monate alt war, verordnete Professor Bernhard von Langenbeck von der Charité «animalische Bäder». Zweimal wöchentlich wurde Wilhelms linker Arm eine halbe Stunde lang in den Kadaver eines «frischgeschossenen Hasen» gesteckt in der Erwartung, Wärme und Kraft des wilden Tieres würden sich auf den Arm übertragen. Bereits an dieser Stelle fragt man sich, welche psychischen Folgen diese jahrelang praktizierte blutige Grausamkeit auf den künftigen Monarchen gehabt haben mag; irgendwelchen Nutzen brachte sie jedenfalls nicht. Da er infolge der Lähmung Schwierigkeiten hatte, sein Gleichgewicht zu finden, gestalteten sich Wilhelms Gehversuche schmerzhaft, zumal man fortfuhr, seinen rechten Arm festzubinden. Frustration und Wut machten sich bemerkbar. Bald nach dem ersten Geburtstag verschrieb Langenbeck zusätzlich zu den «Thierbädern» Malzbäder und Magnetisierung – die erste Elektromagnetisierung des Armes wurde im April 1860 vorgenommen, doch das Glied blieb kalt, gefühllos und dunkelrot. Später ist für die Elektrotherapie des Halses der konstante galvanische Strom verwendet worden, da Wilhelm an dieser empfindlichen Stelle den magnetischen Wechselstrom nicht ertrug. Für den Arm wurden weiterhin beide Stromarten täglich «auf längere Zeit» und «in bedeutender Stärke» angewendet.

Die Kopfstreckmaschine, Zeichnung von Kronprinzessin Victoria

Als Wilhelm vier Jahre alt war, stellte sich als zusätzliches Krankheitsbild ein Schief- oder Drehhals ein: Die unverletzte rechte Halsmuskulatur zog den Kopf zur rechten Seite herunter und drehte gleichzeitig das Kinn zur paralysierten linken Seite hin. Im April 1863 wurde, wie sein Vater notierte, eine «Maschine für Wilhelm's Hals probirt». Die «Kopfstreckmaschine», die der Prinz täglich eine Stunde tragen mußte, bestand – so beschreibt es die entsetzte Mutter – «aus einem Gürtel um die Taille, an dem hinten eine Eisenstange festgemacht ist. Diese Stange führt über den Rücken zu einem Ding, das genauso aussieht wie die Zügel bei einem Pferd. Darin wird der Kopf festgemacht und mit einer Schraube [...] in die gewünschte Stellung gebracht.» Die Kronprinzessin fertigte eine Zeichnung (siehe oben) von dem Gerät an und jammerte, wie furchtbar es sei, «das eigene Kind als ein mißgebildetes behandelt zu sehen». Auch diese Maßnahme, deren psychische Folgen man erahnen mag, erwies sich als nutzlos; eine Operation wurde erforderlich. Am 23. März 1865 schnitt Langenbeck den sogenannten «Kopfnicker» – die Sehne zwischen dem Halsmuskel und dem Schlüsselbein – durch. Wenige Tage darauf wurde ein zweiter Muskel durchtrennt, der das Kinn zur Seite zog und so das Gesicht entstellte: Das rechte Auge und die rechte Wange waren im Verhältnis zu groß geraten, der Mund schief und das linke Auge halb zugekniffen.

Da Wilhelm den steif nach vorn gebeugten linken Vorderarm überhaupt nicht bewegen konnte, schien 1868 eine Durchtrennung auch der Bizeps-Sehne angebracht, doch schließlich sah man von dieser Operation ab, weil die Versteifung offenbar von einer Knochenmißbildung im Ellbogengelenk herrührte. Statt einer Operation wurde die «Armstreckungsmaschine», die der Prinz seit der frühesten Kindheit ertragen mußte, noch intensiver angelegt, und zwar zweimal täglich, auch während des Unterrichts. Von einer Verwendung der Maschine nachts wurde nur deshalb abgesehen, weil man epileptische Anfälle befürchtete. Unter Anwendung der «Armstreckungsmaschine» und eines «Fixierungsgestells» konnte seit 1866 unter Anleitung des Hauptmanns Gustav von Dresky dreimal täglich Heilgymnastik angewendet werden, die sich für die Entwicklung des gelähmten Arms als nützlich erwies.

Als wäre diese (natürlich gutgemeinte) Peinigung für den zarten Prinzen nicht schon genug, so stellten sich im Lauf der Jahre weitere körperliche Mißlichkeiten heraus, die die Ärzte ebenfalls auf die schwierige Geburt beziehungsweise auf die Behandlung der Geburtsverletzungen zurückführten: Eine Gleichgewichtsstörung zeitigte in den Jugendjahren mehrmals Knieverrenkungen, durch die Wilhelm bisweilen genötigt war, wochenlang das Zimmer zu hüten. Seit dem Herbst 1878 litt er jahrelang an einer lebensgefährlichen Erkrankung des rechten inneren Ohres mit polypösen Wucherungen und übelriechenden Eiterungen. Als die Ohrerkrankung 1886 in alarmierendem Grade mit Schwindel und Innenohrgeräuschen wiederkehrte, verschrieben die Ärzte einen zehnwöchigen Kuraufenthalt in Bad Reichenhall. Im Oktober jenes Jahres entzündete sich auch noch das bisher gesunde linke Ohr – das Trommelfell mußte perforiert werden. Befürchtungen, wonach es sich bei den Wucherungen um Krebs handelte, erwiesen sich zwar als unbegründet, doch in den folgenden Jahren verstummten die Gerüchte nicht, daß das auffallende Verhalten Wilhelms auf sein Ohrenleiden zurückzuführen sei. Im August 1896 wurde eine

Radikaloperation zur Entfernung des Trommelfells des rechten Ohres unumgänglich, weil eine Gehirnentzündung zu befürchten war. Doch auch nach der Operation litt der Kaiser zeitlebens an chronischem Mittelohrkatarrh, dem er täglich mittels eines selbstgebastelten Wattestäbchens zu Leibe rückte.

All diese Leiden und deren Behandlung sind durch Quellen genauestens belegt. Spekulativ bleiben dagegen andere Erklärungen, die von den Zeitgenossen oder Biographen zur Erläuterung der Auffälligkeiten im Verhalten Wilhelms II. angeführt worden sind: Ob er bei der Geburt einen – geringgradigen – Hirnschaden erlitten hat, wofür das entstellte Gesicht sprechen könnte, muß offenbleiben. Über seine sexuelle Veranlagung und eine eventuelle Unterdrückung homosexueller Neigungen werden wir noch im Zusammenhang mit seiner Ehe und seinen Freundschaften hören. Bedenkenswert, wenn auch bislang nicht schlüssig belegt, sind Indizien, die auf eine Erbkrankheit hindeuten, die seit den Tagen der Stuarts in den Königshäusern von Hannover und Großbritannien grassierte und die bei König George III., Wilhelms Ururgroßvater, zu gelegentlichen Wutausbrüchen und zeitweiliger Umnachtung geführt hatte, nämlich die Porphyrie. Daß diese dominant vererbbare «königliche Krankheit» mit der Heirat des Kronprinzenpaares von Windsor aus in das Haus Hohenzollern übergesprungen war, ist neuerdings einwandfrei durch DNA-Analysen bewiesen worden, die das Vorhandensein der Mutation bei Wilhelms ältester Schwester Charlotte und deren Tochter bestätigten. Ob Wilhelm selbst betroffen war, muß noch offenbleiben. Erwiesen ist, daß führende Ärzte und Staatsmänner in London schon früh zu der Überzeugung gelangten, der Prinz trage «den Makel Georges III. in seinem Blut» und werde stets zu plötzlichen Wutanfällen neigen, die mit dem Alter an Häufigkeit und Heftigkeit zunehmen würden. Näherliegend als solche Vermutungen sind indes die Auswirkungen der Geburtsschäden und der verschiedenen Behandlungsmaßnahmen, die seine Kindheit überschatteten, auf die Charakterentwicklung des Thronerben.

Ambivalente Mutterschaft

Diese Auswirkungen werden uns nur verständlich, wenn wir die Betroffenheit der Mutter über die Geburt eines in ihren Augen «mißgebildeten» Sohnes mit einbeziehen. Die gerade erst achtzehnjährige «Engländerin» Vicky, Tochter der Queen Victoria, intelligent, belesen, fortschrittlich-liberal, leidenschaftlich anglophil, machte aus ihrer vermeintlichen Überlegenheit am rückständigen, reaktionären Preußenhof kein Hehl und war dort entsprechend unbeliebt und isoliert. Trotzig rechnete sie mit der baldigen Thronbesteigung ihres heißgeliebten soldatischen Ehemanns Fritz und dann mit einer zeitgemäßeren – parlamentarischen – Verfassung und einem Bündnis Preußens mit ihrem mächtigen Mutterland. Mit der erwarteten Geburt ihres Sohnes schienen diese schönen Hoffnungen bis weit ins 20. Jahrhundert hinein gesichert. Doch der kleine Prinz war «verkrüppelt» zur Welt gekommen; seine Unvollkommenheit empfand die Kronprinzessin als eine ständige, kaum zu ertragende Schmach. «Dieses Thema schmerzt mich so sehr, daß ich am liebsten unter der Erde oder in meinen Schuhen oder sonstwo wäre, wenn andere Leute darüber Bemerkungen machen», klagte sie. Der Makel mußte behoben werden – und wenn die Ärzte mit ihren Mitteln versagten, dann mußte die körperliche Behinderung eben durch Bildung kompensiert werden. Mit der Gesetzmäßigkeit einer griechischen Tragödie entwickelte sich aus diesen unerfüllbaren Erwartungen ein Teufelskreis wechselseitiger Enttäuschungen, die bei Wilhelm schon nach wenigen Jahren in Haß und Ablehnung der freiheitlichen Ideale der Mutter ausarten sollten.

Von Anfang an fand Vicky wenig Gefallen an ihrem Erstgeborenen. Es ist beklemmend zu sehen, wie ihr der Kummer über seine Gebrechen das junge Mutterglück verleidete. Noch Jahre später erinnerte sie sich, wie sie sich während seiner Taufe geschämt hat, weil ihr Sohn «halb zugedeckt werden mußte, um seinen Arm, der nutzlos und kraftlos an seiner Seite herunterhing, zu verstecken». Besonders schmerzhaft war es für sie, Wilhelm zusammen mit gesunden Knaben zu beobachten. «Wenn ich sehe, wie andere Kinder in ihre Hände klatschen, und dann sehe, wie sein armer kleiner Arm lahm und völlig nutzlos an seiner Seite herunterhängt, dann ist mein Kummer sehr groß.» «Der Gedanke, daß er ein Krüppel bleibt, verfolgt mich», schrieb sie kurz vor Wilhelms zehntem Geburtstag.

Die Frustration, die der kleine Wilhelm wegen der Behinderung und der qualvollen Therapien empfand, äußerte sich bald in «gewalttätigen und leidenschaftlichen Wutanfällen», die wiederum abstoßend auf die Mutter wirkten. «Der arme Willie wird von all diesen Maschinen und Geräten derart gequält, daß er ärgerlich und schwer zu bändigen wird, das arme Kind wird wirklich sehr schwer geprüft», stellte sie 1863 fest. Nicht weniger bedenklich in ihren Augen war der Hochmut, den ihr Sohn – auch dies wohl kompensatorisch – zunehmend an den Tag legte und den sie vergebens zu «korrigieren» suchte. «Der Junge ist wirklich so impertinent u. trotzig, daß ich mitunter nicht weiß was ich mit ihm anfangen soll – u. es wird mir so schwer mich selbst zu beherrschen wenn er mich so ärgert. [...] Ich drohe immer mit der Ruthe, ich werde sie auch wirklich einmal anwenden ...» Auch geistig blieb der kleine Prinz weit hinter den Erwartungen seiner Mutter zurück. «Er hat ein fabelhaftes Gedächtnis, ich finde ihn aber sonst nicht sehr geistig entwickelt, [...] er schwätzt darauf los, um sich zu hören, vollständig ohne irgend etwas zu denken», bemängelte sie, als Wilhelm fünf Jahre alt war.

Die Enttäuschung seiner Mutter konnte dem Prinzen nicht verborgen geblieben sein. Nachhaltiger als die Androhung der Rute waren die verbalen Schläge, die ihm die Kronprinzessin versetzte. Wie sie selbst später eingestand, habe sie Wilhelm, «als er noch Kind war u. oft so selbstgefällig sprach u. that u. renommirte», «immer» zu ihm gesagt, «um ihn zu necken, Dich nimmt Keine mit dem schwarzen Finger etc... – worauf er gewöhnlich mit Hohn antwortete». Wie tief der Stachel saß, zeigte Wilhelm 1880 anläßlich seiner Verlobung, als er seinem Erzieher Hinzpeter erzählte, er habe nie mit der Möglichkeit gerechnet, daß «eine Dame wirklich sich für ihn interessiren könne!» – und zwar «seines unglücklichen Armes wegen».

Der Kummer der Kronprinzessin über die Behinderung und

Entwicklung ihres ältesten Sohnes steigerte sich ins Unermeßliche durch zwei weitere Schicksalsschläge: den Tod ihrer Söhne Sigismund 1866 und Waldemar 1879. Fortan herrschte in ihrer Familie, wie in der ihrer verwitweten Mutter in England, eine alles überschattende Trauer. An die idealisierte Erinnerung an die beiden verstorbenen Prinzen Sigi und Waldi konnten die überlebenden Kinder Wilhelm, Heinrich und Charlotte nie heranreichen; die jüngeren Mädchen, Viktoria, Sophie und Margarethe, schloß die Kronprinzessin dafür um so fester in ihr Herz.

Ein gewagtes Erziehungsexperiment

Was die Ärzte mit ihren «animalischen Bädern» und Kopf- und Armstreckungsmaschinen nicht erreichen konnten, das also sollte die Erziehung vollbringen. Gerade wegen seiner Gebrechlichkeit blieb es das Ziel der Kronprinzessin, ihren erstgeborenen Sohn zu einem herausragenden liberalen Reformmonarchen heranzubilden. 1864 schrieb sie der Queen, es sei ihr sehnlichster Wunsch, daß Wilhelm so werde «wie der liebe Papa [Prinzgemahl Albert] – ein großer Mann, ein zweiter Friedrich der Große, aber anderer Art». Im Herbst 1866 wurde diese Aufgabe dem bisherigen Hauslehrer des Grafen Emil Görtz im hessischen Städtchen Schlitz, Dr. Georg Ernst Hinzpeter, übertragen. Die Bedingungen, die Hinzpeter stellte – er müsse seinen Zögling ganz «in seiner Gewalt» haben und sei nicht bereit, die Rolle eines «Spielgefährten für einen kleinen Jungen» zu übernehmen –, ließen erkennen, mit welcher Konsequenz er vorzugehen beabsichtigte. Seine spartanischen Erziehungsprinzipien in Kombination mit den hohen Erwartungen seiner Mutter bescherten dem Preußenprinzen zusätzliches Leid und eine freudlose Kindheit. Allerdings darf man die Strenge Hinzpeters auch nicht überbewerten. So trifft es etwa nicht zu, wie Wilhelm II. in seinen im Exil diktierten Jugenderinnerungen behauptete, daß Hinzpeter ihm unter schmerzlichsten Bedingungen das Reiten beigebracht habe; das hatte der Feldwebel Lucke unter Aufsicht des Militär-Gouverneurs Hauptmann von Schrötter bereits erreicht, noch ehe Hinzpeter im Oktober 1866 seine Stelle als Zivil-Erzieher antrat.

Zehn Jahre lang, zunächst im engsten Familienkreis und dann von 1874 bis 1876 am Kasseler Gymnasium, übte Hinzpeter einen ununterbrochenen Einfluß auf die Entwicklung des künftigen Monarchen aus. In dem Bestreben, den Thronerben im liberal-bürgerlichen, «englisch-koburg'schen» Sinne zu erziehen, billigte das Kronprinzenpaar dem pietistischen «Doktor» ein Bildungsmonopol über ihren Sohn zu und wehrte die Eingriffe des regierenden Kaisers und der Hofgeneräle, die den Prinzen als altpreußischen Soldatenkönig erziehen wollten, zunächst mit Erfolg ab. Schon wenige Monate nach Hinzpeters Ernennung trat der Militär-Gouverneur gekränkt zurück; er wurde nicht durch einen selbstbewußten Militär wie etwa den nachmaligen Generalstabschef Graf Waldersee oder den späteren Reichskanzler von Caprivi ersetzt, sondern durch einen unbedeutenden, mittellosen und (wie sich später zeigen sollte) homosexuellen Leutnant namens O'Danne, der Hinzpeters Autorität in keiner Weise in Frage stellte.

Anfangs lief alles gut. Der «Doktor» unternahm mit seinen Zöglingen Wilhelm und Heinrich des öfteren Ausflüge und Besichtigungen. Den ganzen Winter 1869/70 brachten beide Prinzen unter der Obhut Hinzpeters, O'Dannes und Dreskys in Cannes zu; im Sommer 1872 lebten sie wieder ohne Eltern in Wyk auf Föhr. Wenn auch der Lehrer mit seinen Erfolgen zunehmend unzufrieden war, so kritisierte den heranwachsenden Thronerben doch am schärfsten die eigene Mutter, die ihn weiterhin an dem Idealbild ihres englisch-coburgischen Vaters Albert und den beiden früh verstorbenen Söhnen maß. Wilhelms Briefe schickte sie ihm mit Verbesserungen zurück und klagte: «Sowohl die Hand als auch die Rechtschreibung sind schlecht – es gibt kaum ein Wort ohne Fehler oder einen fehlenden Buchstaben.» Allmählich kamen in Hinzpeter Zweifel auf, ob er seinen Zögling nicht doch weit überfordere. Doch anstatt die Warnzeichen zu beachten, zog die Kronprinzessin die Bildungsschraube noch weiter an.

In einer Denkschrift vom Oktober 1870 unterbreitete Hinzpeter den Eltern einen anspruchsvollen Bildungsplan, der nicht nur eine dreijährige Trennung von ihrem Sohn, sondern gewiß auch den Konflikt mit dem regierenden Kaiser und dessen militärischer Umgebung zur Folge haben würde: Von seinem 15. Lebensjahr bis zur Volljährigkeit sollte Wilhelm an einem öffentlichen Gymnasium fern von Berlin in Konkurrenz mit Schülern aus bürgerlichen Familien fortgebildet werden. Als Vorbereitung auf dieses ehrgeizige Erziehungsexperiment müßte ein neuer Unterrichtsplan eingeführt werden. Danach lernte Wilhelm neben Latein und Mathematik erstmals Griechisch, Lehrer von außerhalb wurden engagiert, um ihm Chemie- und Biologieunterricht zu erteilen, Englisch-, Französisch- und Deutschstunden zu geben und ihn in die Kunstgeschichte einzuführen. An manchen Stunden nahmen andere Knaben teil und machten sonntags mit den beiden Hohenzollern-Prinzen Museumsbesuche. Auf Wunsch der Eltern erhielt Wilhelm am Gewerbemuseum außerdem Zeichenunterricht. Am 2. April 1873 bestand er die Reifeprüfung für die Obertertia, doch hinter den Kulissen wurden Sorgen laut, die nicht nur seiner Eignung für das Gymnasium, sondern seinem Charakter überhaupt galten.

Trotz seines Bildungsplanes hatte Hinzpeter bereits 1870 das Kronprinzenpaar mit der Gretchenfrage konfrontiert, ob ihr Sohn «nicht ein glücklicherer und vielleicht auch brauchbarerer Mann werden wird, wenn man die Anforderungen weniger hoch spannt». Jetzt, im April 1873, stieß der «Doktor» einen «Angstruf» über die Entwicklung seines pubertierenden Zöglings aus, der Bände spricht. Mit «erschreckender Klarheit» erkenne er die Schwierigkeiten, die sich dem Erreichen des ursprünglichen Bildungsideals entgegenstellten. Er machte auf die «sehr ernsthaften Opfer» aufmerksam, die die Eltern und der Erzieher, vor allem aber der Schüler würden bringen müssen, sollte der «Höhenpfad» doch weiterbeschritten werden: Bis zum Abiturabschluß würde Wilhelm von seinen Eltern getrennt leben und «seinen Lebensgenuß fast allein in seinen Studien suchen» müssen. Entscheide man sich hingegen für den leichteren Weg, würde sich das Leben des Prinzen viel heiterer in engem Anschluß an die Familie gestalten und das Endresultat wahrscheinlich sogar ein harmonischeres werden. Nach einer «unangenehmen» Auseinandersetzung mit Hinzpeter entschieden sich die Eltern – sprich: die

Kronprinzessin – doch für den «Höhenpfad» am Gymnasium in Kassel, der unweigerlich «spartanische» Disziplin nach sich zog, über die der Kaiser noch im Exil so klagte.

Spätestens bei seiner Konfirmation im Sommer 1874 waren besorgniserregende Charaktermängel in Wilhelm nicht mehr zu übersehen. Als Schutz vor der ärztlichen Folterei und den unerfüllbaren Leistungserwartungen Hinzpeters und der Eltern entwickelte er eine narzißtisch überzogene Eigenliebe, gepaart mit einer eisigen Gefühlskälte sowie einer aggressiven Verachtung für vermeintlich Schwächere. Für das Scheitern des bisherigen Experiments gaben sich die Kronprinzessin und Hinzpeter gegenseitig die Schuld. Die Mutter klagte, ihr Sohn sei «sehr hochmüthig, außerordentlich selbstzufrieden u. von sich eingenommen, nimmt die geringste Bemerkung übel, spielt den Piquirten u. giebt nicht selten eine naseweise Antwort». «Bei Wilhelm fällt mir seine rauhe hochmüthige Art mehr als je auf», schrieb sie 1873. «Die etwas trockene u. wegwerfende Art des Doctors copirt er.» Er sei «ziemlich barsch, absprechend u. rechthaberisch [...] wenn er mit mir spricht». Seinerseits klagte Hinzpeter: «Kein Mensch, aber absolut kein Mensch kommt auf den Gedanken, daß dieser Junge doch auch eine Seele hat wie andere Kinder, daß dieselbe der Pflege, Reinigung, Heiligung bedürfe; mich allein verfolgt dieser Gedanke aber wie ein Schreckbild. [...] Der arme Junge kann mir leid thun. [...] Wo soll der Mensch einmal Liebe und Glauben hernehmen, die er doch mehr als jeder Andere nöthig haben wird?» Noch kurz vor dem gemeinsamen Umzug nach Kassel bezweifelte der Doktor, ob es jemals möglich sein würde, Wilhelms «fast krystallinisch hart gefügten Egoismus» zu überwinden, der doch «den innersten Kern seines Wesens» bilde. Das war richtig gesehen, doch solche Einsichten waren viel zu spät gekommen. Alles in allem wird man sagen müssen, daß das ambitiöse Erziehungsprojekt Victorias und Hinzpeters, das Wilhelm im Hinblick auf seine körperliche Behinderung einerseits und seinen künftigen «Beruf» andererseits das Recht auf Kindheit raubte, für einen empfindsamen Knaben, der tagtäglich die ärztliche Quälerei auszuhalten hatte, denkbar ungeeignet gewesen ist.

Sehr gegen den Willen des alten Kaisers bezog Prinz Wilhelm im September 1874 mit seinem Bruder Heinrich, Hinzpeter und dem Militär-Gouverneur General von Gottberg den äußerst dürftigen «Fürstenhof» in Kassel, um in der Obersekunda am benachbarten Lyceum Fridericianum eingeschult zu werden. Von vornherein war Hinzpeters «Experiment ohne Vorgang» darauf angelegt, eine grundlegende Wandlung im Charakter seines Zöglings doch noch zu erzwingen. Durch entsagungsvolle Härte, eiserne Disziplin und schonungslose Konkurrenz sollte er zu Fleiß und Pflichterfüllung erzogen, sollten die «Standesfehler» eines Prinzen, sollte der «Zwiespalt in des Prinzen Entwicklung» überwunden werden. Von 6 Uhr früh bis 10 Uhr abends wurde gepaukt, auch samstags: 19 Wochenstunden Unterricht in Griechisch und Latein, 6 Stunden Mathematik, 3 Stunden Geschichte und Geographie, 3 Stunden Deutsch und 2 Stunden Englisch, seit 1875 kamen 2 Stunden Französisch, später auch 2 Stunden Physik hinzu, dazu natürlich der obligatorische Religionsunterricht. Das Schwergewicht lag damit eindeutig bei den alten Sprachen im Vergleich zu den Fächern, die wohl für einen modernen Monarchen angebrachter gewesen wären. Zeitlebens klagte Wilhelm über «dieses verknöcherte und geisttötende» System.

Die übrigen Lehrer am Kasseler Gymnasium waren von den Leistungen des Prinzen ebenso enttäuscht wie Hinzpeter. Wilhelms vor kurzem erst entdeckte Deutschaufsätze aus der Unterprima wimmeln von Fehlern und sind nicht selten mit einer Fünf benotet worden; dabei war Deutsch noch sein Lieblingsfach. Keineswegs wurde Hinzpeters Ziel einer Charakteränderung erreicht. Auch in Kassel erschrak der Doktor angesichts der «Trivialität» und «Unreife» seines Zöglings, angesichts seiner «beklagenswerthen Selbstgenügsamkeit», seines «vorwitzigen und hochmüthigen Wesens» und seines Hangs zur narzißtischen Kränkung. Als er sich 1876 in den Ruhestand nach Bielefeld zurückzog und auf seine zehnjährige Tätigkeit als Erzieher des künftigen «mächtigsten Herrschers der Erde» zurückblickte, stieß Hinzpeter den «Angstruf» aus: «Ich hätte klüger sein und mich lieber in Ruhe unter einen meiner geliebten Apfel- oder

Pflaumenbäume zurückziehen sollen, um mich zu erhängen, statt den hoffnungslosen Kampf gegen eine solche Perversion der Natur aufzunehmen.»

Blickt man auf die Kindheit und Jugend des Preußenprinzen zurück, so ist ein Zwiespalt nicht zu übersehen. Auf der einen Seite waren seine frühen Jahre überschattet von den schmerzlichen Versuchen der Ärzte, die erlittenen Geburtsverletzungen in den Griff zu bekommen. Die Unfähigkeit seiner stolzen Mutter, ihren Erstgeborenen mit seinen körperlichen Makeln zu lieben, ihre Bestrebungen, unter Zuhilfenahme eines strengen Erziehers die Behinderungen ihres Sohnes durch geistige Leistungen wettzumachen, der bewußte Einsatz eines ihn überfordernden Erziehungsprogramms mit dem Ziel, seine als Aufmüpfigkeit wahrgenommenen Selbstbehauptungsversuche zu beheben – all das förderte in Wilhelm, wie die Angstrufe seiner Eltern und Hinzpeters in frappierender Weise belegen, in zunehmendem Maß eine narzißtische Selbstgefälligkeit und eine schnoddrige, laut lachende Herzlosigkeit. Früh äußerte sich seine Persönlichkeitsstruktur politisch in der Glorifizierung der militärischen Errungenschaften der autokratischen Hohenzollerndynastie beziehungsweise in der Verwerfung der friedensorientierten weltbürgerlichen Ideale seiner englischen Mutter. Auf der anderen Seite aber entwickelte der Prinz, wie Hinzpeter erkannte, einen unersättlichen Heißhunger nach Liebe, Lob und Schmeichelei, nach kindischen Spielen, dummen Späßen und derben Gossenwitzen vornehmlich in Männergesellschaft. Seine Persönlichkeit war extrem labil und hochgradig emotional – es fehlten ihm «die mittleren Töne», das Augenmaß. Er konnte Widerspruch nicht ertragen, auf Enttäuschungen seiner hohen Erwartungen reagierte er gekränkt, mit aggressiven Wutanfällen oder auch mit depressiver Hilflosigkeit. Hier sehen wir bereits den psychischen Nährboden seiner Herrschaftsvorstellung eines quasiabsoluten Militärmonarchen von Gottes Gnaden, umgeben von hochgewachsenen Generälen und anglophoben Admirälen. Ein solcher Herrscher war jedoch gleichzeitig in bedenklichem Maße für Hintertreppeneinflüsterungen seiner ihn anhimmelnden Günstlinge empfänglich. Schon in der Kindheit und Jugendzeit wurden somit die Weichen gestellt, die zum Konflikt mit den Eltern, mit den Bismarcks, mit den unaufhaltsam aufstrebenden demokratischen Kräften Deutschlands und letztendlich auch mit der ozeanischen Weltmacht Großbritannien als Garant des obwaltenden europäischen Staatensystems führen sollten.

Der Konflikt mit den Eltern

Nach den Torturen der Mediziner und den Überforderungen der Hinzpeterschen Zucht empfand der Preußenprinz das unbeschwerte Dasein als Student an der Universität Bonn (1877–79) und erst recht das Leben als Offizier in den Potsdamer Garderegimentern wie das Paradies. Er hatte überlebt! Umworben von seinen adeligen Kommilitonen im Corps Borussia und geschmeichelt von seinen soldatischen Kameraden und Vorgesetzten, teilte der junge Thronerbe die borussisch-nationalistische und militaristische Begeisterung seiner neuen Umwelt vollauf. Als Hohenzollernprinz wurde er standesgemäß befördert: 1880 zum Hauptmann, 1883 zum Battaillonskommandeur im Ersten Garde-Regiment, 1885 zum Obersten und Kommandeur des Garde-Husaren-Regiments. Potsdam sei sein «el dorado», erinnerte er sich später; unter seinen Regimentskameraden habe er seine Familie, seine Freunde, seine Interessen gefunden – alles, was er früher vermißt hatte. Vorbei waren die «schrecklichen Jahre, in denen niemand meine Individualität verstand». Die Kronprinzessin erschrak über den «Feuereifer», mit dem sich ihr Sohn seinem Militärdienst widmete. Er sei «chauvinistisch und ultra-preußisch zu einem Grade und mit einer Gewalt, die für mich oft sehr schmerzlich ist». Der liberale österreichisch-ungarische Kronprinz Rudolf stellte 1883 verblüfft fest, daß «Prinz Wilhelm trotz seiner Jugend ein hartgesottener Junker und Reaktionär» geworden sei. Seine Ansichten waren jetzt schon das gerade Gegenteil von dem, was die Eltern mit ihrer aufgeklärten Erziehung hatten erreichen wollen.

Die Kronprinzessin setzte auf eine letzte Karte, um sich den Einfluß auf ihren Sohn doch noch zu sichern – die Wahl seiner Braut. Sie redete ihm seinen Wunsch aus, seine Kusine Elisabeth (Ella) von Hessen-Darmstadt zu heiraten, wohl weil in der

Familie ihrer Schwester Alice, der Gemahlin des Großherzogs, die tödliche Bluterkrankheit Hämophilie grassierte. Statt dessen schlug sie ihm eine der beiden älteren Töchter des 1864 durch preußische und österreichische Truppen abgesetzten Herzogs Friedrich von Schleswig-Holstein-Sonderburg-Augustenburg vor – einer Familie, die durch Heirat und Freundschaft ebenfalls mit dem englischen Königshaus verbunden war, aber in Berliner Hofkreisen als unebenbürtig galt und deren Wahl vor allem bei Kaiser Wilhelm I. auf heftigen Widerstand stoßen mußte. Wilhelms Heirat mit Prinzessin Auguste Viktoria (Dona) von Schleswig-Holstein, die am 27. Februar 1881 in der Berliner Schloßkapelle zelebriert wurde, brachte tatsächlich weder die von den Eltern erhoffte Wende in der politischen Haltung des Prinzen noch diesem viel häusliches Glück, trotz der Geburt von sechs Söhnen und einer Tochter. Dona entpuppte sich nicht als liberales, anglophiles Gegengewicht zur reaktionären Berliner Hofclique, sondern als steife, engstirnige, rigoros-orthodoxe, stockkonservative Lebensgefährtin, krankhaft überempfindlich bedacht auf ihre neue königliche und alsbald kaiserliche Würde. In späteren Jahren weinte sich Wilhelm bei einem Freund mit den Worten aus: «Sie ist eine brave Frau, aber schrecklich. [...] Sie glaubt sich immer was zu vergeben und ist immer nur steif mit allen Leuten. [...] Du machst Dir keinen Begriff, was ich darunter zu leiden habe.»

Als ungestümer Husarenoberst ließ sich Prinz Wilhelm auch nicht durch die Konventionen einer christlich-bürgerlichen Ehe einschränken. Seit den frühen 1880er Jahren verkehrte er mit der Elsässerin Emilie Klopp, genannt Miss Love, die er später in Potsdam als Mätresse installierte. Durch den Besitz von Briefen sowie unter der Vorspiegelung, eine Tochter von Wilhelm geboren zu haben, konnte Miss Love erhebliche Summen erpressen – die Bismarcks kauften Wilhelms Liebesbriefe auf und mokierten sich über einige der darin geschilderten sonderbaren Intimitäten. Gemeinsam mit Kronprinz Rudolf besuchte Wilhelm in Wien das Bordell der Kupplerin Wolf, wo er die Bekanntschaft zweier Frauen, Ella Sommssichs und Anna Homolatschs, machte, die später ebenfalls abgefunden werden mußten: Ella war jahrelang seine Geliebte gewesen, und Anna gebar ihm eine

Tochter. Eine vierte mit ihm liierte Frau, Elisabeth Bérard, geschiedene Gräfin Wedel, hatte das Pech, einige der Liebesbriefe zu verlieren, die sie von Wilhelm empfangen hatte, wofür sie ihr Leben lang von den Agenten des Hofes verfolgt wurde. Nach dem Zweiten Weltkrieg kamen die Kaiserbriefe in Teheran ans Licht. Sie wurden faksimiliert in der deutschen Boulevardpresse abgedruckt und waren nachweislich authentisch.

Wilhelms Heirat mit Dona brachte also weder eine Besserung in den Beziehungen zu seinen Eltern noch den von ihnen erhofften Umschwung in seinen politischen Ansichten. Im Gegenteil, lange vor der fatalen Krebserkrankung seines Vaters kam es mehrmals zu schrecklichen Auseinandersetzungen zwischen ihm und dem Kronprinzenpaar, die zunehmend den Charakter einer drohenden Usurpation trugen. Weinend klagte Wilhelms Mutter, sie habe doch «so viel Fürsorge und Liebe und Zuneigung und Zeit» für ihren «ungezogenen» Sohn aufgebracht, der sich jetzt rühme, «der Liebling seines Großvaters und des Fürsten B[ismarck] zu sein», und sich benehme, als sei er der Anführer der Junker und der reaktionären Kreuzzeitungspartei. Wilhelm sei «hochnäsig, eingebildet, eitel, engstirnig, frech und ach – so ignorant!» Nicht weniger empörte sich der Vater darüber, daß Wilhelm «vor Egoismus sich nicht zu lassen weiß»; sein «unberechenbarer Mangel an Takt» sei «ganz entsetzlich»; er habe absolut «kein fürstliches savoire faire». Der Kronprinz beschimpfte seinen Sohn sogar öffentlich als unreifen, urteilslosen Menschen. Solche Szenen waren Ausdruck der Angst, die Friedrich Wilhelm damals bereits vor seinem Sohn empfand.

In der Tat arbeitete der junge Prinz, angefeuert von dem erzreaktionären, kriegsbesessenen und antisemitischen Stellvertretenden Generalstabschef, Graf Alfred von Waldersee, darauf hin, daß seine Eltern in der Thronfolge übersprungen werden oder wenigstens eine Trennung seines Vaters von seiner Mutter erfolgen sollte! Wie Waldersee bereits im Frühsommer 1884 feststellte, sei es Wilhelm «zu seinem Entsetzen allmählich klar geworden, daß seine Mutter nicht preußische Prinzeß geworden, sondern Engländerin geblieben ist, nicht allein in bezug auf Lebensweise u. Lebensanschauung, sondern innerlich, und namentlich auch politisch. Er weiß es, daß seine Mutter mit Bewußtsein für englische Interessen gegen preußische u. deutsche arbeitet! Bei seinem durchaus preußischen Gefühl kränkt ihn das tief und wird es ihm oft schwer seinem feurigen Temperament Zügel anzulegen.» Wilhelm äußerte sich in einer Weise, «als laure der Gedanke des Einsperrens [seiner Mutter] im Hintergrund», bemerkte auch der sprichwörtlich gutinformierte Geheimrat im Auswärtigen Amt, Friedrich von Holstein.

Allmählich übernahm Prinz Wilhelm mit der Unterstützung seines von ihm vergötterten Großvaters die Rolle, die der immer mehr ins Abseits gedrängte Kronprinz als seine ureigene betrachtete. Vor allem die beiden Reisen des jungen Wilhelm zum Zaren Alexander III. nach St. Petersburg und Moskau 1884 und 1886, auf denen der Prinz seine Eltern, Queen Victoria und seinen Onkel, den Prinzen von Wales (den künftigen König Edward VII.), in bodenloser Weise denunzierte, empfand der nunmehr fünfundfünfzigjährige Thronfolger, sein Vater, als Demütigung. In geheimen Briefen an den Zaren setzte Wilhelm die Hetzkampagne gegen seine Eltern, das englische Königshaus und die englische Politik fort und nahm damit bereits unter dem mächtigen Bismarck die fatale «Willy-Nicky»-Korrespondenz mit Nikolaus II. vorweg, durch die er die Außenpolitik der nachfolgenden Reichskanzler durchkreuzen sollte. Zur Empörung der Eltern setzte der Prinz Ende 1886 seine Beschäftigung im Auswärtigen Amt durch, das von Bismarcks Sohn Herbert geleitet wurde.

In dem bitteren Konflikt innerhalb der Hohenzollernfamilie läßt sich bereits jene Absonderung des preußisch-deutschen Bismarckreiches von den parlamentarisch regierten Ländern Nord-, West- und Südeuropas erahnen, die viele Historiker für den Schlüssel zum Verständnis auch späteren Unheils gehalten haben. Die Gedankenwelt des Prinzen Wilhelm an der Schwelle zur Thronbesteigung war von Kriegslust und Verachtung für Parlamente und politische Parteien – ja für Zivilisten überhaupt – gekennzeichnet. «Britannien muß zerstört werden», lautete sein Credo; er entwickelte jetzt schon eine Passion für eine starke deutsche Kriegsflotte. Aber auch Paris müsse «zerstört werden», erklärte er. Wilhelm sei «natürlich sehr kriegslustig und hofft, daß es bald losgeht», notierte Waldersee am 25. Januar 1887 zufrieden. Unter dem Einfluß dieses Generals setzte sich der Preußenprinz auch für einen Krieg gegen Rußland ein. «Der junge Herr will den Krieg mit Rußland, will womöglich gleich das Schwert ziehen», stellte Reichskanzler Fürst Bismarck 1888 mit Entsetzen fest. Als wäre das nicht genug, schimpfte Wilhelm maßlos auf die Juden, die katholische Zentrumspartei, die westeuropäisch orientierten Freisinnigen und die Sozialdemokraten im Reichstag und schrieb: «Möge der Tag bald kommen, wo die Grenadiere der Garde das Lokal mit Bajonett und Tambour säubern werden!»

Das Dreikaiserjahr 1888 und die Thronbesteigung

Am 22. März 1887 feierte Kaiser Wilhelm I. seinen 90. Geburtstag. Sieben Tage zuvor hatte Professor Karl Gerhardt erstmals eine kleine Geschwulst am linken Stimmband des Kronprinzen kauterisiert; sein Leiden sollte sich als Kehlkopfkrebs herausstellen. Plötzlich stand ein doppelter Thronwechsel oder gar der direkte Übergang der Krone von Wilhelm I. auf Wilhelm II. bevor. Alles mußte neu überdacht werden. Nicht nur für Bismarck und Waldersee, sondern selbst für loyale Anhänger des Kronprinzenpaares wie ihr Kanzlerkandidat Franz Freiherr von Roggenbach war die Thronbesteigung eines krebskranken, infolge seines Leidens sprachlosen und demoralisierten Kaisers Friedrich nur vorstellbar, wenn dessen «englische» Frau auf irgendeine Weise – und sei es durch einen heraufbeschworenen Sexskandal – aus seiner Nähe entfernt werden könnte. Ihr Sohn Prinz Wilhelm, dessen kriegerische und reaktionäre Neigungen die militärischen und konservativen Kräfte am Hof gleichsam als Bollwerk gegen eine voraussichtlich Jahrzehnte währende Herrschaft seiner Eltern geschürt hatten, rückte in den Mittelpunkt aller Kalküle.

Mit Unterstützung seines Großvaters, des Hofes, Waldersees und der Bismarcks und beflügelt von der Überzeugung, das monarchische Prinzip preußisch-militaristischer Prägung vor der drohenden Machtübernahme seiner englisch-coburgischen

Mutter mit ihrer «Humanitätsduselei» und ihren «undeutschen» konstitutionellen Vorstellungen retten zu müssen, intensivierte Wilhelm seine Machenschaften gegen seine Eltern. Nach einem Leidensweg über Bad Ems, die Isle of Wight, die Highlands von Schottland, die Tiroler Alpen und Baveno hielt sich das Kronprinzenpaar seit November 1887 in San Remo an der italienischen Riviera auf, wo sie durch einen zur Schau getragenen Optimismus die Bestrebungen nach einem Thronverzicht Friedrich Wilhelms zugunsten seines Sohnes abzuwehren suchten. Da der neunzigjährige Kaiser jeden Augenblick sterben konnte und der Kronprinz «mit aufgeschnittenem Halse» in Italien festsaß, wurde Prinz Wilhelm am 17. November 1887 mittels Allerhöchster Kabinettsordre zum Stellvertreter des Kaisers ernannt. Wenige Wochen darauf wurde er – wiederum gegen den ausdrücklichen Befehl seines verzweifelten Vaters – zum General befördert und von Potsdam nach Berlin versetzt, wo er notdürftig in die innere Verwaltung Preußens und des Reichs eingeführt wurde.

An der Krebsdiagnose konnte inzwischen kaum gezweifelt werden. Zwar hatte Friedrich Wilhelm am 11. November 1887 unter dem Einfluß seiner Frau die von den Ärzten empfohlene Entfernung des Kehlkopfes abgelehnt, die vielleicht wenigstens sein Leben – wenn auch unter qualvollen Umständen – hätte retten können, doch sein Zustand verschlimmerte sich zusehends, und am 9. Februar 1888 mußte Fritz Gustav Bramann einen Luftröhrenschnitt vornehmen. Mit welchem Haß auf seine Mutter und die englischen Ärzte Prinz Wilhelm diese tragischen Ereignisse verfolgte, geht aus seinem Brief an den Freund Eulenburg hervor: «Mein armer vielfach getäuschter Vater, von Lug, Trug, Intrigen und Ränken umgeben, hat in elfter Stunde, als es fast zu spät war, die Operation durchgemacht. Heldenhaft trägt er das schreckliche Leiden, welches durch Unfähigkeit und Böswilligkeit der Engländer ihn beinahe das Leben gekostet. [...] Rassenhaß, Antideutschtum bis zum Rand des Grabes! [...] Die Satansknochen!» Als Wilhelm am 2. März 1888 in San Remo eintraf, um die Kontrolle über die Behandlung seines Vaters zu übernehmen, verbat ihm sein Vater schriftlich jedwede Einmischung.

Die nunmehr unausweichlich gewordene Rückkehr des todgeweihten Kronprinzen war bereits beschlossen, als am 9. März 1888 das Telegramm Wilhelms mit der Nachricht vom Ableben des alten Kaisers in San Remo eintraf. Als Kaiser und König Friedrich III. trat Wilhelms Vater die Heimreise an und bezog in Berlin zunächst das Charlottenburger Schloß. Nur neunundneunzig Tage sollten dem neuen Monarchen vergönnt sein, bevor die Krone neuerlich vom Vater auf den Sohn überging. Als sie den matten, sprachlosen Kaiser sahen, kamen fast alle zu der Überzeugung, daß er abdanken sollte; allein die Abneigung der Kaiserin Victoria gegen ihren Sohn könne erklären, so hieß es, weshalb die Übergabe der Geschäfte an Wilhelm nicht schon längst erfolgt sei. Zwischen der Kaiserin und Wilhelm, der nunmehr Kronprinz war, kam es zu fürchterlichen Konflikten. Dieser schrieb am 12. April 1888 an Eulenburg: «Was ich hier in den letzten 8 Tagen durchgelebt habe, ist einfach nicht zu schildern und spottet auch nur des Gedankens! Das Gefühl der tiefen Scham für das gesunkene Ansehen meines einst so hoch und unantastbar dastehenden Hauses ist aber das stärkste! [...] Daß unser Familienschild aber befleckt und das Reich an den Rand des Verderbens gebracht ist durch eine englische Prinzessin, die meine Mutter ist, das ist das allerfurchtbarste!»

Die Befürchtung Wilhelms, die «englische» Kaiserin an der Seite des sterbenden Friedrichs III. könne mit Hilfe ihres liberalen und jüdischen Anhangs das preußisch-deutsche Reich als «Hort der Monarchie» untergraben und den Parlamentarismus nach westeuropäischem Muster einführen, war allerdings völlig abwegig, viel zu stark waren die ihr entgegengesetzten Kräfte um Bismarck, am Hof, im Offizierskorps und in der Verwaltung, die sich alle «der aufgehenden Sonne» des neunundzwanzigjährigen Thronerben zuwandten. Man zählte die Tage bis zu seiner Thronbesteigung. Der Kaiser war nur noch ein Skelett, lag mit Fieber im Bett, warf große Mengen von Eiter aus und litt an quälendem Husten. Am 1. Juni 1888 siedelte er auf dem Wasserwege von Charlottenburg nach Potsdam ins Neue Palais über. Bald darauf brach der Krebs durch die Speiseröhre durch. Friedrich III. starb am 15. Juni 1888 um 11.30 Uhr; in diesem Augenblick wurde Wilhelm II. Deutscher Kaiser, König von Preußen, Summus Episcopus der evangelischen Kirche und Oberster Kriegsherr der mächtigsten Armee der Welt. Als erste Handlung ließ er von seinen Husaren einen Cordon um das Schloß ziehen, um seine Mutter daran zu hindern, ihre Papiere (die freilich schon längst in Windsor Castle lagerten) hinauszuschmuggeln. Diese Handlung war symbolträchtig: Weit entfernt, eine der modernen pluralistischen Industriegesellschaft gemäße Regierungsform einzuführen, ging der neue Kaiser daran, seine geradezu friderizianischen Vorstellungen einer monarchisch-militaristischen Eigenherrschaft von Gottes Gnaden umzusetzen.

II. Der anachronistische Autokrat (1888–1900)

Gottesgnadentum und kein Ende

Für die Zeitgenossen galt der Übergang vom 91 Jahre alten Kaiser zu seinem 29jährigen Enkel faktisch als Überspringung einer Generation. Weltanschaulich aber ging es im Dreikaiserjahr eher um eine Kluft von Jahrhunderten. Gewiß, die Kaiserin Victoria war mit ihren nahezu republikanischen Überzeugungen ihrer Zeit in manchem weit voraus, und in dem von Bismarck nochmals festverankerten System der «Persönlichen Monarchie» hätte sie sich damit nicht durchsetzen können. Doch die Auffassungen des monarchischen Prinzips, die der junge Wilhelm nicht zuletzt als Gegengewicht zu seinen Eltern verinnerlicht hatte, gehörten ins 18. Jahrhundert, in die Ära vor der Aufklärung und der Französischen Revolution. Mag Bismarck sich auch damit gebrüstet haben, die Hohenzollernmonarchie vor dem Zugriff des Parlamentarismus bewahrt zu haben und sie nicht – wie in England, Italien, Skandinavien, den Niederlanden oder Belgien – zu einer «automatischen Unterschriftsmaschine» verkommen zu lassen, so mußte er doch bald nach dem doppelten Thronwechsel von 1888 einsehen, daß er mit dem Hinüberretten des «monarchischen Prinzips» die Axt an die Wurzel nicht nur seiner eigenen Machtstellung, sondern auch seines gesamten Reichsbaus gelegt hatte. Indem er sich über die konstitutionellen Bestrebungen und jahrhundertealten Erfahrungen Europas hinwegsetzte, hatte er am Hofe der Hohenzollern der Herrscherwillkür, der byzantinischen Günstlingswirtschaft und dem überbordenden Militarismus Tür und Tor geöffnet. Mochte auch die «Persönliche Monarchie» in Bismarcks Augen nichts weiter als eine legale Fiktion gewesen sein – Wilhelm II. nahm sie wörtlich und verstand das monarchische Prinzip von Gottes Gnaden als Legitimierung seiner Eigenherrschaft.

Seiner geradezu schwindelerregenden Vorstellung von seiner Rolle als Kaiser und König zufolge war er der Mittler zwischen Gott und seinem Volke: Er empfange von Gott seine Weisungen und sei in seiner «Gottesgebundenheit» verpflichtet, die göttlichen Ratschlüsse gegen jedwede Kritik auszuführen. Allen Ernstes behauptete er, gekrönte Häupter wie er hätten die angeborene Gabe des Hellsehens, die allen normalsterblichen Staatsmännern abging. Ein Monarch, der sich von der Verfassung oder vom Parlament einschränken ließ, verdiene nur Verachtung. «Ich bin gewohnt, daß mir gehorcht wird», verkündete er 1890 kurz vor der Entlassung Bismarcks. «Ein Kaiserwort soll man nicht drehen oder deuteln.» Sein quasiabsolutistischer Machtanspruch spiegelte sich in zahlreichen Reden und in den Porträts wider, die ihn in martialischer Pose mit Feldmarschallstab und herausforderndem Blick darstellten. Es gab kaum ein Gebiet, auf dem sich Wilhelm II. nicht berufen fühlte, besserwisserisch einzugreifen. Zu einem Zeitpunkt, zu dem Nietzsche und Ibsen den Tod Gottes verkündet hatten, schreckte die Öffentlichkeit – und nicht nur die in Deutschland – angesichts solch anachronistischer Herrscherallüren auf. «Der Herr flößt aller Welt Angst ein», stellte Holstein fest. Sogar in der Hohenzollernfamilie wurde gemunkelt, Wilhelm II. sei zu spät auf die Welt gekommen; eigentlich gehöre er in ein früheres Jahrhundert.

Unter dem alten Kaiser Wilhelm I. war es Bismarck letzten Endes stets gelungen, seinen Willen durchzusetzen. Mit der Thronbesteigung des ungestümen Enkels, durchdrungen von seinem Gottesgnadentum und im stillen beeinflußt von ehrgeizigen Generälen wie Waldersee und schwärmerischen Ästheten wie Eulenburg, sollte das bald anders werden. Ein Kampf um die Macht mit dem fünfundsiebzigjährigen, machtgewöhnten Reichskanzler Fürst von Bismarck war nur noch eine Frage der Zeit.

Bismarcks Sturz (1889–1890)

An Warnzeichen hatte es bereits vor der Thronbesteigung nicht gefehlt. Zum Bruch zwischen Hohenzollernprinz und Reichskanzler war es bereits im November 1887 gekommen, als Wilhelm im Hause Waldersees an einer Versammlung zugunsten der Stadtmission des «christlich-sozialen» (sprich: antisemitischen) Hofpredigers Adolf Stoecker teilnahm und Bismarck sich veranlaßt sah, ihn für diese für einen Anwärter auf die Kaiserkrone besonders unangebrachte Identifikation mit der reaktionären urpreußischen Kreuzzeitungsfronde zu rügen. Zur gleichen Zeit sandte Wilhelm dem Kanzler einen von ihm verfaßten Erlaß an «die deutschen Reichsfürsten» zu, den er bei seiner Thronbesteigung jedem seiner «Collegen» zu überreichen gedachte, damit «die alten Onkels» ihm – dem Kaiser «von Gottes Gnaden» – auch gehorchen würden. «Denn parirt muß werden!» erklärte Wilhelm in dem schnoddrigen Gardeleutnantsjargon, den er sich in Potsdam angewöhnt hatte und den er zeitlebens beibehielt. Bestürzt drängte Bismarck, das fatale Schriftstück sofort zu verbrennen.

Schlimmer noch als diese Infragestellung der föderalistischen Fundamente des Bismarckschen Reichsbaus war die Unterminierung der Friedenspolitik des Kanzlers. Seit Herbst 1887 hatte sich der Preußenprinz zum Fürsprecher der Kriegspartei um den Stellvertretenden Generalstabschef Waldersee gemacht und auf ein sofortiges Losschlagen gegen Rußland und Frankreich gedrängt. Am 17. Dezember 1887 ging er so weit, an einem «Kriegsrat» der Generäle um den alten Kaiser teilzunehmen, der sich für den Angriffskrieg aussprach. Empört klagte der Reichskanzler im Mai 1888: «Der junge Herr will den Krieg gegen Rußland, möchte womöglich gleich das Schwert ziehen.

Das mache ich nicht mit.» Vier Wochen vor der Thronbesteigung Wilhelms II. rief Bismarck aus: «Wehe meinen Enkeln.»

Trotz solch düsterer Vorahnungen besserte sich Wilhelms Verhältnis zur Kanzlerfamilie nach dem Thronwechsel am 15. Juni 1888 vorübergehend. Um dem jungen Monarchen «nicht lästig zu fallen», zog sich der Reichskanzler nach Friedrichsruh beziehungsweise nach dem pommerschen Varzin zurück. Abgesehen von kurzen Pflichtbesuchen, kehrte der Fürst erst am 24. Januar 1890 in die Hauptstadt zurück. In diesen achtzehn Monaten hatte der neununddreißigjährige Graf Herbert von Bismarck, offiziell Staatssekretär des Auswärtigen Amtes, fast täglichen Kontakt zum Monarchen einerseits und brieflich und telegraphisch zu seinem Vater andererseits. Die schmeichelhafte Umgarnung des Kaisers durch den sonst als menschenverachtend geltenden Herbert verriet aber die grundlegende Schwäche des Bismarckschen Systems, das ja letztendlich vom «Allerhöchsten Vertrauen» des Souveräns abhängig war. Nicht wenige Entscheidungen der Bismarcks in dieser Zeit wurden gegen die eigene Überzeugung gefällt, nur um die eigene Machtstellung nicht zu gefährden. Doch wie lange würde sich dieses Taktieren fortsetzen lassen? Waldersee hetzte weiterhin gegen die angebliche «Rußlandfreundlichkeit» der Bismarcks und unterließ es nicht, Wilhelm II. zu suggerieren, daß Friedrich II. nie «der Große» geworden wäre, wenn er einen Minister wie Bismarck als Vormund gehabt hätte. In Kreuzzeitungskreisen machte die Äußerung Wilhelms die Runde, er wolle «den Alten noch ein Jahr verschnaufen lassen, dann regiere ich selbst».

Es war eine scheinbar unbedeutende Personalfrage, die wie ein Blitz in der Ferne das heraufziehende Gewitter ankündigte. Im Mai 1886 hatte Wilhelm bei einer Jagd in Ostpreußen den zwölf Jahre älteren Grafen Philipp zu Eulenburg-Hertefeld kennengelernt, der damals als unbedeutender Legationssekretär an der preußischen Gesandtschaft in München angestellt war und am Starnberger See ein unbekümmertes Künstlerleben führte. Seit dieser ersten Begegnung hatte sich die Freundschaft zwischen den beiden Männern vertieft – Eulenburg, Dichter, Sänger, Komponist, Spiritist, liebevoller Familienvater und nebenbei homosexuell recht aktiv, verliebte sich in den jungen Prinzen, und dieser erhielt von Eulenburg jene bedingungslose Liebe und Bewunderung, von der Hinzpeter einst gesagt hatte, er würde sie nötiger haben als jeder andere Mensch. Im Herbst 1888, kurz nach seiner Thronbesteigung, verlangte der Kaiser von Herbert von Bismarck die Beförderung seines «besten Freundes» zum Gesandten in München. Die bestürzte Reaktion des Reichskanzlers auf diesen Wunsch des Kaisers zeigt deutlich den prinzipiellen Unterschied zwischen Bismarcks Staatsverständnis und dem persönlichen Regierungsstil, den Wilhelm II. verkörperte und durchzusetzen entschlossen war: Wenn Staatsstellen nach den Wünschen des Monarchen besetzt würden, warnte Bismarck, würden die Staatsminister mit der Zeit zu königlichen Kabinettsräten degradiert werden. Es handele sich dabei um eine Frage von grundsätzlicher Bedeutung, in der er nicht nachgeben könne. Wenn der Kaiser Philipp Eulenburg mehr liebe als irgendeinen anderen Menschen, wie Herbert berichtet habe, so gehöre der Kaiserfreund nicht in den Staatsdienst, sondern an den Hof. Genauso, wie Bismarck voraussagte, ist es dann auch gekommen: Im Lauf der nächsten Jahre setzte Kaiser Wilhelm mit Eulenburgs Hilfe seine persönliche Herrschaft durch; die Minister und selbst der Reichskanzler wurden Schritt für Schritt zu königlichen Handlangern herabgestuft.

Seit Mai 1889 häuften sich die Konflikte zwischen Kaiser und Kanzler. Durch Hinzpeter aus Bielefeld dazu angespornt, griff Wilhelm in den Bergarbeiterstreik im Ruhrgebiet ein. Am 12. Mai platzte er «sehr erregt» in die Sitzung des preußischen Staatsministeriums und erklärte, er lehne die Politik des Kanzlers ab; «die Arbeiter seien Seine Unterthanen für die Er zu sorgen habe». Kurz darauf empfing er Deputationen der Arbeitnehmer und Arbeitgeber. Vielsagend stöhnte Bismarck nach dieser besorgniserregenden Episode, «der junge Herr» habe die «Auffassung von Friedrich Wilhelm I. über seine Machtbefugnisse»; er müsse dringend aufgeklärt werden, um ihn vor solchen «Übereilungen» zu schützen. Das war aber leichter gesagt als getan. Im darauffolgenden Monat verbot der Kaiser dem Reichskanzler im schrillen Kommandoton die Konversion russischer Anleihen, nachdem ihm Waldersee weisgemacht hatte, es handele sich dabei um ein schmutziges Geldgeschäft Gerson Bleichröders, des jüdischen Bankiers Bismarcks. Während der ersten Nordlandreise im Sommer 1889, an der auch Eulenburg teilnahm, redete Waldersee dem Kaiser ein, Bismarck sei überhaupt gänzlich «verjudet»; die Politik des Deutschen Reiches werde von Juden kontrolliert! «Daß schmutzige Geld-Interessen jetzt» für Bismarck «eine große u. wohl die alleinige Rolle spielen, ist ganz klar», behauptete der Stellvertretende Generalstabschef. «Es ist wahrhaft entsetzlich: Der Jude Bleichröder hat einen großen Einfluß auf unsere äußere u. innere Politik.» «Der Kanzler hat sich Hrn. Bleichröder völlig in die Arme geworfen.» Daß der junge Kaiser solchen Einflüsterungen zugänglich war, ließ Schlimmes befürchten. Diese Wahnvorstellung Waldersees spielte in der Endphase der Entlassungskrise eine fatale Rolle.

Nicht nur trat Wilhelm immer selbstbewußter auf, um ihn herum formierte sich zudem eine geheime Beraterclique von Männern, die alles, was sich die Bismarcks innen- wie außenpolitisch vornahmen, in Frage stellten. Neben Waldersee und Eulenburg gehörten Wilhelms Onkel, der Großherzog Friedrich von Baden, der badische Gesandte in Berlin, Adolf Freiherr Marschall von Bieberstein, sowie der einflußreiche Geheimrat Friedrich von Holstein im Auswärtigen Amt zu diesem Kreis. Im Hintergrund assistierten dem Monarchen ferner sein Lehrer Hinzpeter und der sozialpolitisch versierte Direktor der Kolonialabteilung im Auswärtigen Amt, Dr. Paul Kayser. Zwar hatte Fürst Bismarck das Gefühl, von Spionen umringt zu sein, bis zuletzt hatte er aber keine Ahnung, wer die Hintermänner waren, die die kaiserliche Kampagne gegen ihn leiteten.

Eindringlich warnte der scharfsichtige Holstein davor, die Kanzlerkrise vorzeitig auf die Spitze zu treiben. Sollte Bismarck verärgert zurücktreten, so würde das ganze Staatsministerium mit ihm gehen. Dabei stünden im Januar 1890 Reichstagswahlen bevor, und die Gefahr eines Krieges mit Rußland und Frankreich sei keineswegs von der Hand zu weisen. «Kurz», mahnte der Geheimrat, «es gäbe ein Mordsspektakel». Die Wahlen drohten für die Regierung katastrophal auszufallen, und der junge Kaiser würde «einen inneren Konflikt ohne Bismarck anzufangen haben [...] mit Frankreich und Rußland als Zuschauer». Um das Chaos bürgerkriegsähnlicher Unruhen mit der Gefahr einer Einmischung feindlicher Mächte zu vermeiden, wodurch das angehende Kaisertum Wilhelms II. für immer durch Blutvergießen diskreditiert würde, drängten Holstein, Eulenburg und die anderen Dunkelmänner den Kaiser, sowohl in der Innen- als auch in der Außenpolitik einen demonstrativ gemäßigten Kurs zu steuern: Im Reichstag müsse er sich für den Wahlerfolg der «staatserhaltenden» Kartell-Koalition zwischen den Konservativen, der nationalkonservativen Reichspartei und den Nationalliberalen einsetzen und in der Außenpolitik auf dem Erhalt des Dreibundes zwischen Deutschland, Österreich-Ungarn und Italien bestehen.

Bald argwöhnten die Kaiserfreunde allerdings, daß Bismarck, um sich unentbehrlich zu machen und den Kaiser «an die Wand zu drücken», in beiden Fällen das gerade Gegenteil anstrebe: Kurz vor den Wahlen wolle er das Kartell zerschlagen und dazu noch mittels einer weiteren Annäherung an Rußland den verläßlichen Bündnispartner Österreich-Ungarn verprellen. In dem daraus entstehenden «Tohuwabohu» (wie Wilhelm es nannte) werde die Hoffnung des Kaisers, die Zügel allmählich selbst in die Hand zu nehmen, für immer zuschanden. In den letzten neun Monaten seiner Kanzlerschaft wurden sämtliche Züge Bismarcks – die zaghafte Annäherung an das katholische Zentrum, seine kompromißlose Haltung gegenüber den Kartellparteien im Hinblick auf das Sozialistengesetz, die Ablehnung weiterer Sozialreformen, das Gedankenspiel mit einem Staatsstreich, die geplante große Militärvorlage – von Wilhelm II. und der Geheimclique als listige Manöver interpretiert, um den Kaiser schachmatt zu setzen und ein Hausmeiertum der «Dynastie Bismarck» einzurichten. In diesem Endspiel pokerten beide Seiten hoch um die Macht: die Bismarcks – neben egoistischen Motiven – in dem Bestreben, die Eigenherrschaft des jungen, eitlen, emotional labilen und unkontrollierbaren Einflüssen zugänglichen Hohenzollernfürsten zu unterbinden, die kaiserliche Ratgeberclique in der Überzeugung, daß allein in der persönlichen Herrschaft Wilhelms II. das Heil Preußen-Deutschlands liege.

Als am 4. Februar 1890 die von Bismarck bitter bekämpften sozialpolitischen Erlasse des Monarchen ohne die verfassungsmäßig vorgeschriebene Gegenzeichnung des Reichskanzlers promulgiert wurden, jubelte Dr. Paul Kayser, der die Erlasse heimlich für Wilhelm entworfen hatte: «Es wird noch besser kommen», die Presse stehe «noch staunend vor der Tatsache, wie der Reisende auf dem Alpenberg, wenn der Nebel birst und die leuchtende Landschaft im Tal das Auge blendet.» Waldersee frohlockte zu sehen, «wie der Kaiser der Herr geblieben und den Kanzler überwältigt hat». Beflügelt von dem vermeintlichen Erfolg seiner Erlasse sowie der internationalen Arbeiterschutzkonferenz, die er gegen den Protest Bismarcks einberufen hatte, glaubte der Kaiser, fortan rücksichtsloser mit dem Kanzler umgehen zu können.

Gleichzeitig fielen die Reichstagswahlen aber so nachteilig aus, daß sich die Stellung des Reichskanzlers wieder zu festigen schien. Die drei Kartellparteien verloren haushoch, mit 106 Mandaten wuchs der Zentrumspartei im Parlament eine ausschlaggebende Rolle zu, und mit fast anderthalbmillionen Wählern wurde die republikanisch-marxistische SPD stimmenmäßig die stärkste Partei im Reich. War dies wirklich der Zeitpunkt, den Reichsgründer zu entlassen, die Macht in die Hände eines unerprobten jungen Kaisers zu legen? Rufe nach einem Staatsstreich zur Abschaffung des allgemeinen Wahlrechts wurden auch im kaiserlichen Lager laut, doch dort erkannte man sogleich, daß durch eine Gewaltpolitik die sozialpolitische Initiative Wilhelms II. zum Gegenstand des Spottes geraten würde. Schlimmer noch: Bismarck würde unentbehrlich werden und somit doch noch als Sieger aus dem Konflikt mit der Krone hervorgehen. Als der Kanzler erst von einem verschärften Sozialistengesetz und dann von einer riesigen Armeevorlage sprach, die beide für den neuen Reichstag unannehmbar sein würden, schreckten die Kaiserfreunde auf: Dieser Plan Bismarcks sei «der meisterhafteste im ganzen Schachspiel; er bedeutet: König matt». Mit seiner Politik der Provokation und Verwirrung wolle Bismarck den sozialen Frieden, die Vorherrschaft Preußens im Reich und das Bündnis mit Österreich-Ungarn und Italien in Frage stellen, alles mit dem Ziel, den Monarchen für immer zu entmachten und seine eigene Kanzlerdiktatur zu verewigen.

Am 12. März 1890 schlug die Nachricht wie eine Bombe ein, der Reichskanzler habe mit Ludwig Windthorst, dem Führer der katholischen Zentrumspartei, über einen weiteren Abbau des Kulturkampfes verhandelt. Die Wut Wilhelms wuchs ins Unermeßliche, als ihm hinterbracht wurde, das Treffen mit Windthorst sei durch die Vermittlung Bleichröders zustande gekommen. In der Kombination Bismarck – Windthorst – Bleichröder erblickte er die Bestätigung der ihm von Waldersee seit längerem suggerierten Wahnvorstellung, unter Bismarck würde das Deutsche Kaiserreich insgeheim von Juden beherrscht! In den Verhandlungen des Kanzlers mit dem Zentrumsführer sah er «ein Zusammengehen der Jesuiten mit den reichen Juden».

Nun war das Faß zum Überlaufen voll. Am frühen Morgen des 15. März 1890 ereignete sich eine der gewaltigsten Szenen, die sich je in der Berliner Wilhelmstraße abgespielt haben. Kaiser Wilhelm II. holte den fünfundsiebzigjährigen Reichskanzler aus dem Bett und warf ihm vor, Windthorst empfangen zu haben. Ferner beanstandete er, Bismarck habe eine alte vergilbte Ordre aus dem Jahr 1852 hervorgeholt, welche den Monarchen daran hindere, die Minister ohne Beisein des Ministerpräsidenten zu empfangen; ultimativ forderte er die Rücknahme der Ordre, was Bismarck verweigerte. Später erzählte Wilhelm, Bismarck sei ihm gegenüber «so gewalttätig» geworden, daß er befürchten mußte, der Kanzler würde ihm «das Tintenfaß an den Kopf werfen». Nach dieser dramatischen Auseinandersetzung drängte Waldersee den Kaiser im Beisein des Chefs des Militärkabinetts, General von Hahnke, den Reichskanzler umgehend zu feuern. Der jetzige Zustand sei «ganz unhaltbar», und außerdem sei der Kanzler «mit der Judenschaft zu sehr liirt». Mehrmals schickte Wilhelm erst Hahnke und dann den Chef des Zivilkabinetts, Hermann von Lucanus, zum Kanzler mit dem

Befehl, sein Abschiedsgesuch einzureichen, was dieser schließlich am 18. März 1890 auch tat. Wenn Waldersee erwartet hatte, Bismarcks Nachfolge anzutreten, was anzunehmen ist, so erlebte er freilich eine bittere Enttäuschung: An jenem Abend verkündete Kaiser Wilhelm II. den im Schloß versammelten Kommandierenden Generälen, er hätte, «um Herr zu bleiben», dem Reichskanzler «ein Ultimatum zur Unterwerfung stellen müssen». Er werde Bismarcks Entlassungsgesuch annehmen und den General Georg Leo von Caprivi zum Kanzler ernennen.

Die intrigenhafte und affektgesteuerte Entlassung des Reichsgründers im März 1890 gehört zu den folgenschwersten Entscheidungen, die Wilhelm II. in seiner langen Regierung treffen sollte. In den Hauptstädten Europas löste sie Alarm aus. Auch in Deutschland waren die Folgen noch schlimmer, als Holstein zu Beginn der Krise vorausgesagt hatte. In ihrer monarchischen Verblendung hatten die geheimen Ratgeber des Kaisers den massiven Rückhalt unterschätzt, den Bismarck nach 28 Jahren an der Macht sowohl bei den politischen Eliten als auch im nationalen Bürgertum genoß. Die Spaltung der «staatserhaltenden» Schichten in zwei sich bitter bekämpfende Lager – hie Kaiser, hie Bismarck – stellte eine schwere Hypothek dar, die die ersten Regierungsjahre Wilhelms II. überschattete. Weshalb er trotzdem den Reichsgründer «wie ein[en] Butler» fortschickte und das Risiko einer Bismarck-Fronde in Kauf nahm, das machte Wilhelm II. acht Jahre später klar, als Bismarck gestorben war: «Für immer & ewig», triumphierte er in einem Brief an seine Mutter, «gibt es nur einen wirklichen Kaiser in der Welt & das ist der Deutsche, ohne Ansehen seiner Person & seiner Eigenschaften, einzig durch das Recht einer tausendjährigen Tradition, und sein Kanzler muß gehorchen!»

Der Aufbau der Persönlichen Monarchie (1890–1897)

Wieso Wilhelm II. gerade auf Caprivi als Bismarcks Nachfolger in den drei höchsten Ämtern – Reichskanzler, preußischer Ministerpräsident und preußischer Minister für auswärtige Angelegenheiten – gekommen ist, bleibt ein Rätsel. Selbst sein Bruder, Prinz Heinrich, hielt die Nachricht für eine Falschmeldung und meinte, Waldersee wäre doch zum Kanzler bestimmt, Caprivi dagegen zum Chef des Generalstabes. Die Wahl des überaus anständigen, schlichten, unpolitischen Generals erweckte den Eindruck, als wolle der Kaiser sein eigener Reichskanzler sein. Weder am Hof noch im konservativen Landadel besaß Caprivi einen natürlichen Rückhalt, und im neugewählten Reichstag fehlte es ihm erst recht an Unterstützung. Außenpolitisch war er zudem vollkommen unerfahren – ein deutscher Diplomat sprach von seiner geradezu stupiden Unkenntnis der Zusammenhänge. Caprivis eingestandene Inkompetenz in der Außenpolitik fiel um so schwerer ins Gewicht, als der Kaiser nach dem gescheiterten Versuch, Herbert Bismarck zum Verbleib zu bewegen, die Leitung des Auswärtigen Amtes einem Mann anvertraute, dem ebenfalls jede diplomatische Erfahrung fehlte, nämlich dem Holstein-Protégé Adolf Freiherrn Marschall von Bieberstein. Der Verlust an diplomatischer Versiertheit, der mit der Ersetzung der beiden Bismarcks durch Caprivi und Marschall einherging, kann kaum gravierender gedacht werden.

Wie das Schicksal es wollte, fiel gerade im Wirrwarr des Übergangs die Entscheidung, ob der 1887 von Bismarck auf drei Jahre abgeschlossene geheime Rückversicherungsvertrag mit Rußland verlängert werden sollte. Trotz seiner von Waldersee geschürten Feindschaft gegen Rußland wollte Wilhelm II. den Vertrag zunächst erneuern, entschied sich dann aber im Handumdrehen dagegen. Er beugte sich dabei dem ultimativen Widerspruch Caprivis, dem Holstein die Gefahr der Bekanntgabe des Geheimvertrags – etwa durch den grollenden Bismarck – für den Bestand des Bündnisses mit Österreich-Ungarn auseinandergesetzt hatte. In einer Art Panikstimmung wurde somit ein Entschluß von enormer Tragweite gefaßt – ein Entschluß, der allzubald zur Folge haben sollte, daß sich das zaristische Rußland mit der französischen Republik verbündete und damit für Deutschland das Schreckgespenst eines Zweifrontenkrieges heraufbeschwor.

Doch der Übergang von den beiden Bismarcks auf Caprivi und Marschall stellte weit mehr als einen Personalwechsel dar. Mit dem Sturz des Fürsten verlagerte sich das Zentrum der

Macht vom Kanzler zum Kaiser, von den grünen Tischen der Wilhelmstraße ins Schloß, vom Staat zum Hof. Der Dualismus der Entscheidungsgewalt, bei dem die Möglichkeiten, die dem Monarchen zur Verfügung standen, unvergleichlich größer waren als die des neuen Reichskanzlers, wurde dadurch krisenanfälliger. Als Kaiser, König und Oberster Kriegsherr war Wilhelm II. der schillernde Mittelpunkt eines riesigen prunkvollen Hofes und einer tonangebenden, hauptsächlich adeligen und hierarchisch gegliederten Hofgesellschaft, die beide bald nichts mehr von altpreußischer Sparsamkeit erkennen ließen. Ein Besucher in der deutschen Hauptstadt hätte keine Schwierigkeit gehabt, den Sitz der Macht zu identifizieren: Zwischen 1888 und 1910 erhöhte sich die vom Parlament bewilligte preußische Zivilliste von 7,7 Millionen auf 19,2 Millionen Mark im Jahr; zusätzlich erhielt Wilhelm II. in seiner Eigenschaft als Deutscher Kaiser einen Allerhöchsten Dispositionsfonds von jährlich 3 Millionen Mark. Mit über 60 Schlössern und einem riesigen Privatvermögen zählte er zu den reichsten Männern in Preußen-Deutschland. Verglichen damit lebte Caprivi, unverheiratet und mittellos – von den Ostelbiern als «Kanzler ohne Ar und Halm» verspottet – in geradezu karg anmutenden Verhältnissen im alten Reichskanzlerpalais Wilhelmstraße 77. Als Sekretariat stand ihm die winzige Reichskanzlei zur Verfügung. Das Jahresgehalt des Kanzlers war auf spärliche 54 000 Mark festgelegt. 1895 nahm Caprivis Nachfolger, Fürst Chlodwig zu Hohenlohe-Schillingsfürst, als Zuschuß zu seinem offiziellen Gehalt klammheimlich 120 000 Mark jährlich aus der Kronenkasse des Monarchen an, was seine Bereitschaft, diesem zu widersprechen, nicht gerade erhöhen sollte. Erst in der Kanzlerschaft des Fürsten von Bülow (1900–1909) wurden die Räumlichkeiten im Reichskanzlerpalais standesgemäß renoviert und das Gehalt des obersten Staatsmanns im Reich entsprechend angepaßt. Aber bis dahin hatte sich die kaiserliche Dominanz über den Staatsapparat längst durchgesetzt.

Ein Wesensmerkmal der Militärmonarchie Preußen war die starke Armeepräsenz am Hof, die mit der Thronbesteigung Wilhelms II. zum «Hauptquartier Seiner Majestät des Kaisers und

Königs» unter der Leitung eines Diensttuenden General-Adjutanten zusammengefaßt wurde. Im Umfeld der Hofmilitärs konnte Wilhelm seiner militärischen Überlegenheit über jeglichen Zivilisten frönen. Zwei forsche Flügeladjutanten hatten stets Dienst beim Monarchen, wodurch sich ein «geradezu religiöses Verhältnis» zwischen den hochgewachsenen Offizieren und dem jungen Kaiser entwickelte. Durch sein Militärkabinett und das 1889 von ihm selbst eingeführte Marinekabinett bestimmte Wilhelm die Personalpolitik von Armee und Marine und besaß somit einen unvergleichlichen Einfluß auf sämtliche der in den beiden Offizierskorps vertretenen Familien. Für den Verkehr mit den staatlichen Instanzen in Preußen und im Reich stand dem Monarchen das Geheime Zivilkabinett zur Verfügung. Alle drei Kabinettschefs gewannen dank ihres ständigen Zugangs zum Monarchen einen Einfluß auf die Gestaltung der Politik, der den der Staatsminister und Staatssekretäre weit übertraf.

In dem latenten Machtkampf zwischen Kaiser und Kanzler, der in den 1890er Jahren ausgefochten wurde, ist zudem der eklatante Unterschied in den Persönlichkeiten der Protagonisten nicht zu übersehen. Caprivi hatte sein dornenvolles Amt als Nachfolger Bismarcks höchst widerstrebend angenommen. Nur selten war er bereit, unter Androhung seines Rücktritts seinen Willen gegen Wilhelm II. durchzusetzen. Mit ganz wenigen Ausnahmen (dazu zählte der preußische Kriegsminister) waren die acht preußischen Staatsminister und die sieben Staatssekretäre der Reichsämter unpolitische Verwaltungsnaturen, die schon unter Bismarck gewohnt waren, sich unterzuordnen. Auch von ihnen war kein ernstzunehmender Widerstand gegen eine Machterweiterung des Kaisers zu erwarten. Nur wenn sie alle gegen den Monarchen zusammengehalten hätten, hätten sie ihn eventuell zur Rücknahme einer als bedenklich eingeschätzten Maßnahme zwingen können – doch auch dies nicht auf Dauer, denn als Kaiser und König konnte Wilhelm die widerspenstigen Minister nach und nach entlassen und durch fügsamere Charaktere ersetzen, was er auch tat.

Wie anders als die im Grunde subalterne Haltung der sogenannten «verantwortlichen Regierung» war dagegen seine eigene selbstbewußte, energiegeladene, ja fast manisch anmutende Persönlichkeit! In der Behauptung und Erweiterung seiner Prärogative zeigte Kaiser Wilhelm II. einen eisernen Willen zur Macht. Sein Anspruch auf Selbstherrschaft ist sprichwörtlich. Schon vor der Thronbesteigung hatte er gedroht: «Wehe, wenn ich zu befehlen haben werde!» Er allein sei Herr im Reich, er dulde keinen anderen, verkündete er 1891 in einer Rede in Düsseldorf. Der Wille des Königs sei das höchste Gesetz, schrieb er in das Goldene Buch der Stadt München. «Mein Kurs ist der richtige und er wird weiter gesteuert», rief er aus. «Zu Großem sind wir noch bestimmt, und herrlichen Tagen führe Ich euch noch entgegen.» «Ich bin der alleinige Herr der deutschen Politik und mein Land muß mir folgen, wohinimmer ich gehe», behauptete er um die Jahrhundertwende. Derartige Ansprüche waren so unzeitgemäß, daß man sich allen Ernstes fragte, ob der Kaiser nicht geisteskrank sei. Bereits 1894 fand die Schrift *Caligula* des Historikers Ludwig Quidde, darin er Wilhelm II. kaum verdeckt «Cäsarenwahnsinn» vorwarf, enormen Anklang. In Wien machte der Witz die Runde, Kaiser Wilhelm wolle auf jeder Jagd der Hirsch, auf jeder Hochzeit die Braut, und auf jeder Beerdigung die Leiche sein!

Dem übersteigerten Herrschaftsanspruch ihres Souveräns hatten die Kanzler, Minister und Staatssekretäre der nachbismarckischen Zeit nichts entgegenzusetzen. Wilhelm tyrannisierte sie mit den krassesten Beschimpfungen. «Ihr wißt alle gar nichts. Nur ich weiß was, nur ich entscheide», war der Tenor seines Umgangs, der häufig auch in maßlos aggressiven Randbemerkungen zum Ausdruck kam. Selbst den Kriegsminister und den Chef des Militärkabinetts redete er mit den Worten «Ihr alten Esel» an. «Das Auswärtige Amt?» fragte er verächtlich. «Wieso? Ich bin das Auswärtige Amt!» Seine Diplomaten hätten so «die Hosen voll», daß die ganze Wilhelmstraße zum Himmel stinke. Natürlich behielt er sich die Ernennung der Diplomaten persönlich vor. «Ich schicke nur einen Botschafter nach London, der Mein Vertrauen hat, Meinem Willen pariert, Meine Befehle ausführt», insistierte er noch 1912.

Angesichts des so lauthals vorgetragenen kaiserlichen Willens zur Macht erstaunt es nicht, daß die «verantwortliche Regierung» im Verlauf der krisenhaften 1890er Jahre den Widerstand gegen die Persönliche Monarchie aufgab. Bereits 1892 zog sich Caprivi von der Stelle des preußischen Ministerpräsidenten zurück, gab diesen Posten an den erzkonservativen Grafen Botho zu Eulenburg (einen Vetter Philipps) ab und blieb nur als Reichskanzler und preußischer Minister für Auswärtige Angelegenheiten im Amt. Die Autorität des Reichskanzlers wurde damit buchstäblich «halbiert», zumal Wilhelm II. Botho Eulenburg noch zum preußischen Innenminister ernannte. Nach der «neunten Krise» entließ er im Oktober 1894 überraschend sowohl Caprivi als auch Botho Eulenburg und ernannte auf Vorschlag seines Intimfreundes Philipp Eulenburg den fünfundsiebzigjährigen bayerischen Fürsten Chlodwig zu Hohenlohe-Schillingsfürst zum Reichskanzler und Ministerpräsidenten Preußens. Da Adolf Marschall von Bieberstein, ein Badener, als Staatssekretär des Auswärtigen Amts im Amt blieb und auch im Reichstag eine beachtliche Rolle spielte, war ein Konflikt zwischen dem preußisch-militaristischen Hohenzollernherrscher und den liberaleren «Süddeutschen» in der Wilhelmstraße vorprogrammiert. Erst nach massiven Auseinandersetzungen, bei denen Philipp Eulenburg wieder dem Kaiser quasi als «schwarzer Reiter» beratend zur Seite stand, endete der Konflikt im Sommer 1897 mit einem klaren Sieg des Monarchen. Marschall von Bieberstein wurde durch den geschmeidigen Diplomaten Bernhard von Bülow – wiederum der Kandidat seines Duzbruders Eulenburg – ersetzt, der von Anfang an die Rolle eines designierten Reichskanzlers spielen konnte. Hohenlohe blieb zwar noch bis Oktober 1900 im Amt, gestand aber selber ein, was auch für jeden ersichtlich war, daß er zur bloßen «Strohpuppe» des Kaisers herabgesunken war.

Ohne den Schutz der «ministeriellen Kleidungsstücke» war jedoch die Krone, wie Bismarck gemahnt hatte, zunehmend dem Sturm der öffentlichen Kritik ausgesetzt. 1897 prangerte der linksliberale Parlamentarier Eugen Richter im Reichstag unter dröhnendem Beifall das «persönliche Regiment» Wilhelms II. mit den Worten an: «Wo sind denn heute Minister? So weit Sie blicken, nichts als geschmeidige Höflinge, die sich jeder Ansicht von oben anschließen, avancierte Bürokraten, schneidige Husarenpolitiker, Handlanger. [...] Deutschland ist ein monarchisch-konstitutionelles Land: aber nach dem Programm ‹sic volo sic jubeo, regis voluntas suprema lex› mag man vielleicht in Rußland noch eine Zeit lang regieren können; das deutsche Volk läßt sich auf die Dauer nicht danach regieren.» Ende 1899 griffen Richter und Ernst Lieber, der Fraktionsvorsitzende der Zentrumspartei, den Kaiser erneut im Reichstag heftig an. Dank seiner anachronistischen Herrschaftsweise und seiner reaktionären Ansichten befand sich Wilhelm auf Kollisionskurs mit seinem eigenen Volk.

Der Reformeifer, den der Kaiser bei seiner Thronbesteigung an den Tag gelegt hatte, war längst verflogen. Der von Hinzpeter und Paul Kayser inspirierte sozialpolitische Kurs, der in den vorbildlichen Erlassen vom Februar 1890 gegipfelt hatte, kam rasch zum Erliegen, als die erhoffte Wirkung – die Entfremdung der Arbeiterschaft von der Sozialdemokratie – nicht eintrat. 1891 erschreckte der Kaiser die Welt mit einer Ansprache in Potsdam, in der er jungen Rekruten zurief, er könne auch einmal befehlen, «daß ihr eure eignen Verwandten und Brüder niederschießen und -stechen müßt». Seit 1894 drängte Wilhelm gegen den entschiedenen Widerstand Caprivis, Marschalls und Holsteins auf eine gewaltsame Unterdrückung der «Parteien des Umsturzes» – das heißt vor allem der Sozialdemokratie – mittels eines Staatsstreichs zur Abschaffung des allgemeinen Reichstagswahlrechts. Die 1894 von ihm geforderte «Umsturzvorlage» scheiterte kläglich im Reichstag. 1898 verlangte Wilhelm in einem Trinkspruch auf dem Manöverfeld die Zuchthausstrafe für jeden, der zum Streik aufrief oder einen Arbeitswilligen an der Arbeit hinderte. Auch diese auf Befehl des Kaisers eingebrachte «Zuchthausvorlage» wurde vom Parlament mit großer Mehrheit verworfen. Um die Jahrhundertwende prahlte er: «Ehe nicht die sozialdemokratischen Führer durch Soldaten aus dem Reichstag herausgeholt und füsiliert sind, ist keine Besserung zu erhoffen.» Als die Berliner Trambahner 1900 in den Streik traten, telegraphierte der Monarch dem Stadtkommandanten: «Ich erwarte, daß beim Einschreiten der Truppe mindestens 500 Leute zur Strecke gebracht werden.» 1901 mahnte er das in der Nähe des Schlosses kasernierte Alexander-Regiment, es müsse «gewissermaßen als Leibwache Tag und Nacht bereit [...] sein, um für den König und sein Haus, wenn's gilt, Leben und Blut in die Schanze zu schlagen». Zwei Jahre darauf drohte er damit, «Rache» für die Revolution von 1848 zu nehmen: Er würde alle Sozialdemokraten zusammenschießen, aber erst, nachdem sie «ordentlich Juden und Reiche geplündert» hätten. Im Reichstag sprach August Bebel, der Führer der inzwischen enorm angewachsenen SPD, von dem «Haß» seiner Partei «gegen die Person des Kaisers» und konstatierte, jede derartige Kaiserrede bringe der Arbeiterpartei rund 100 000 Stimmen Gewinn. Vom «sozialen Kaisertum» war keine Spur mehr zu finden. Aber auch das katholische Deutschland beschimpfte der Kaiser mit «wutschnaubenden» Tiraden; der Katholizismus, so soll er 1901 geschrieben haben, sei ein «Aberglaube, den auszurotten ich mir zur Lebensaufgabe gesetzt habe».

In der Bildungspolitik und in der Beförderung technischer Innovationen zeigte sich Wilhelm II. dagegen erstaunlich fortschrittlich. In eigentümlicher Weise verband er die höfische Kultur des Absolutismus und eine klassenkämpferische Einstellung zu Millionen seiner Untertanen einerseits mit einer wahren Begeisterung für die moderne Welt des technischen Fortschritts andererseits. Hinzpeter stand dem Kaiser im Hintergrund beratend zur Seite, als dieser 1890 und wieder 1900 Schulkonferenzen einberief, die eine Reform der Gymnasien in Preußen einleiteten. In Hinzpeters Fußstapfen als kaiserlicher Berater in bildungspolitischen Fragen trat später der Generaldirektor der Preußischen Staatsbibliothek, Adolf (von) Harnack, mit dessen Beistand Wilhelm II. 1911 die berühmte Kaiser-Wilhelm-Gesellschaft, die heutige Max-Planck-Gesellschaft, gründete. Das waren gewiß bewundernswerte Taten, die von den Apologeten des Kaisers immer wieder und zu Recht lobend hervorgehoben werden. Verglichen mit den horrenden innen- und außenpolitischen Defiziten seiner Herrschaft fallen sie aber kaum ins Gewicht.

Der Kanzler als Höfling: Das faule System Bülow (1897–1909)

Im Sommer 1897 ernannte Wilhelm II. zwei in ihrem Charakter völlig unterschiedliche Männer zu hohen Amtsträgern, die den Zwiespalt in seiner Persönlichkeit verkörperten und die die mittleren Jahre seiner Regierungszeit wesentlich mitbestimmen sollten. Gemeint sind zum einen der machiavellistische Höfling Bernhard von Bülow, den der Kaiser zum Staatssekretär des Auswärtigen Amtes machte und der 1900 (wie längst beabsichtigt) zum Reichskanzler aufsteigen sollte, und zum anderen der machtbewußte Technokrat und Schlachtflottenfanatiker mit der «Bismarck-Natur», Admiral Alfred Tirpitz, der in jenem Sommer Staatssekretär des Reichs-Marine-Amtes wurde und diesen Posten bis 1916 behalten sollte.

Der Aufstieg Bülows 1893 zum Botschafter in Rom, 1897 zum Außenstaatssekretär und 1900 zum Reichskanzler und Ministerpräsidenten Preußens war das Werk des Günstlings Philipp Eulenburg, dessen Einfluß auf Wilhelm II. in diesen Jahren kaum überschätzt werden kann. Von der kleinen Gruppe der heimlichen Berater um den Kaiser in seinem Konflikt mit Bismarck war er als eindeutiger Sieger hervorgegangen. Der Großherzog von Baden zog sich aus der Reichspolitik zurück und begnügte sich mit gelegentlichen Mahnrufen aus Karlsruhe; Waldersee wurde 1891 als Chef des Generalstabes durch Graf Schlieffen abgelöst, weil er couragiert die Manöverführung des Obersten Kriegsherrn kritisiert hatte, und Marschall von Bieberstein rieb sich in parlamentarischen Kämpfen und Hofintrigen auf. Anfangs arbeitete Eulenburg eng mit dem eigenbrötlerischen Geheimrat von Holstein zusammen, um den bedrängten Caprivi über Wasser zu halten. Doch seit 1894 ging der Kaiserfreund seine eigenen Wege. Eulenburg und Holstein entzweiten sich vor allem in ihrer Einschätzung der Rolle, die Wilhelm II. bei der Gestaltung der deutschen Politik zustehen sollte. Eindringlich warnte der Geheimrat vor den Folgen eines persönlichen

Regiments; in mystischer Schwärmerei arbeitete Eulenburg dahingegen just daran, die Eigenherrschaft Wilhelms gegen erhebliche Widerstände im Staatsapparat, im Parlament und im ganzen Volke durchzusetzen.

Zunächst aber baute Eulenburg seine eigene Stellung aus. Dank der Gunst Wilhelms II. avancierte er rasch zum preußischen Gesandten erst in Oldenburg, dann in Stuttgart und 1891 in München. 1894 ernannte ihn Wilhelm zum Botschafter in Wien. Schritt für Schritt brachte Eulenburg seine Verwandten und Freunde in Stellung um den Kaiser: sein Vetter August Graf zu Eulenburg wurde 1888 Ober-Hof- und Hausmarschall, dessen Bruder Botho ernannte Wilhelm (wie erwähnt) 1892 zum preußischen Ministerpräsidenten und Innenminister, 1893 setzte Eulenburg die Ernennung seiner beiden Intimfreunde Kuno Graf von Moltke zum Flügeladjutanten beziehungsweise Axel Freiherr von Varnbüler zum württembergischen Gesandten in Berlin durch. Den Kaiser beglückwünschte er zur Wahl Moltkes mit den Worten: «Welche Perle Ew. Majestät sich durch diesen Adjutanten gewonnen haben, das werden Ew. Majestät mehr und mehr empfinden lernen – und mich erfüllt ein wohltuendes, behagliches Gefühl gerade ihn bei meinem heißgeliebten Kaiser zu wissen.» Ihren «heißgeliebten Kaiser» nannten Eulenburg, Moltke und Varnbüler unter sich «das Liebchen». Das war der Umgangston in der «Liebenberger Tafelrunde» um «Phili» Eulenburg – von seinen Freunden auch «die Philine» genannt.

Talentiertestes Mitglied dieses Intimkreises um den Kaisergünstling war Bernhard von Bülow. Zwar hatte dieser zynische Karrierist – wie Eulenburg, Moltke und Varnbüler war Bülow homosexuell veranlagt – ursprünglich auf ein anderes Pferd gesetzt, als er eine «faisandierte» Ehe (so Herbert Bismarck) mit der geschiedenen Gräfin Marie von Dönhoff, einer Freundin der damaligen Kronprinzessin Victoria, einging. Doch nach dem Tod Kaiser Friedrichs III. wandte sich Bülow der aufgehenden Sonne zu und bot sich dem einflußreichsten Freund Wilhelms II. als Reichskanzler der Zukunft an. In unzweideutigen Wendungen setzte er Eulenburg 1893 auseinander, daß dieser doch zu verwundbar sei, um selber den höchsten Posten im Reiche zu übernehmen, er aber, der Gleichgesinnte und weniger Belastete, könne und wolle dem geliebten Kaiser diesen Dienst erweisen. «Als schwesterliche entstiegen einst unsere Seelen dem rätselhaften Born alles Daseins; nur andere Hüllen und verschiedenfarbige Flügel wurden uns gegeben», schrieb Bülow, als Eulenburg ihm liebevoll das «Du» anbot. Im Vertrauen auf den falschen Freund arbeitete Eulenburg fortan hinter den Kulissen an seinem Meisterplan, Bülow so krisenfrei wie möglich in das höchste Amt zu führen. Bülows Aufstieg zum Reichskanzler im Oktober 1900 war denn auch die einzige auf lange Sicht planmäßig durchgeführte Kanzlerernennung in der 30jährigen Regierungszeit Wilhelms II.

Natürlich wußte Bülow genau, unter welchen Bedingungen der Kaiser und sein Intimus ihn auserkoren hatten. In einem Brief vom 23. Juli 1896 empfahl er sich mit den verräterischen Worten: «Ich wäre ein anderer Reichskanzler wie die bisherigen. Bismarck war eine Macht für sich. [...] Caprivi und Hohenlohe fühlten und fühlen sich doch als Vertreter des ‹Gouvernements› und bis zu einem gewissen Grade des Parlaments Seiner Majestät gegenüber. Ich würde mich als ausführendes Werkzeug Seiner Majestät betrachten, gewissermaßen als sein politischer Chef des Stabes. Mit mir würde im guten Sinne, aber tatsächlich ein persönliches Regiment beginnen.» Prophetisch fügte der Reichskanzler *in spe* hinzu: «Wenn dieser Versuch wirklich persönlichen Regimes mißlänge, wäre es schlimm für unsern lieben Kaiser.»

Im Juli 1897, als Bülow auf dem Weg von Rom zur Übernahme des Auswärtigen Amts mit seinem Gönner Eulenburg am Frankfurter Hauptbahnhof zusammentraf, drückte ihm der kaiserliche Krisenmanager mit der Mahnung, er sei des Kaisers «letzte Karte», einen Zettel in die Hand mit dem vielsagenden Rat: «Wilhelm II. nimmt alles persönlich. Nur persönliche Argumente machen ihm Eindruck. Er will andere belehren, läßt sich aber ungern belehren. Er verträgt keine Langeweile; schwerfällige, steife, allzu gründliche Menschen gehen ihm auf die Nerven und erreichen nichts bei ihm. Wilhelm II. will glänzen und alles selbst machen und entscheiden. Was er selbst machen will, geht leider oft schief aus. Er ist ruhmliebend, ehrgeizig und eifersüchtig. Um einen Gedanken bei ihm durchzusetzen, muß man tun, als ob der Gedanke von ihm käme. [...] Vergiß niemals, daß S. M. ein Lob hin und wieder braucht. Er gehört zu den Naturen, die ohne eine Anerkennung hin und wieder, aus bedeutendem Munde, mißmutig werden. Du wirst immer Zugang zu allen Deinen Wünschen haben, wenn Du nicht versäumst, Anerkennung zu äußern, wo S. M. sie verdient. Er ist dankbar dafür wie ein gutes, kluges Kind. Bei fortgesetztem Schweigen, wo er Anerkennung verdient, sucht er schließlich Übelwollen. Die Grenze zum Schmeicheln werden wir beide immer genau einhalten.» Auf dieser Grundlage begann nun, sieben Jahre nach Bismarcks Sturz, das System Bülow, das bestenfalls als fauler Kompromiß zwischen Kaiser und Kanzler bezeichnet werden kann und unverkennbar die Gefahr von horrenden Fehlentscheidungen und Skandalen in sich trug.

Das System Bülow war die institutionalisierte Fortsetzung der Günstlingswirtschaft Eulenburgs. «Wenn ich nicht ständige (mündliche und schriftliche) Fühlung mit S. M. aufrechterhalte», gestand Bülow ein, «geht der mühsam zusammengeleimte Status quo aus den Fugen.» In seinem täglichen Verkehr mit dem Monarchen hat Bülow die «Grenze zum Schmeicheln» ebensowenig eingehalten wie Eulenburg vor ihm. Nicht nur nach unserem heutigen Empfinden, auch in den Augen der Zeitgenossen war das, was sich der neue Reichskanzler an byzantinischer Liebedienerei leistete, im höchsten Grade degoutant. Ein Hofmarschall empörte sich, Bülow dabei beobachtet zu haben, wie er sich auf seine Hemdsmanschetten Notizen machte, um die Allerhöchsten Befehle Seiner Majestät nur nicht zu vergessen. Zehn Jahre nach dem Sturz Bismarcks war der deutsche Reichskanzler in der Tat zum Höfling degradiert worden.

Selbstredend war es Bülows Kalkül, mit höfischem Gebärdenspiel und geistreicher Plauderei den Kaiser für seine eigene Politik zu gewinnen. Er ging auch davon aus, daß er durch enge Tuchfühlung mit dem sprunghaften Monarchen schädliche Fehltritte würde verhindern können, worin er keineswegs immer erfolgreich war, wie die blutrünstige Rede Wilhelms vom

Juli 1900 zeigen sollte, in der er seine Marinesoldaten aufforderte, sich in China wie die Hunnen zu benehmen und keine Gefangenen zu machen. Allein: Bülow mußte vorsichtig alles vermeiden, was das «Allerhöchste Vertrauen» zu ihm hätte gefährden können. «Seiner Majestät dem Kaiser Vorschläge zu machen, die ohne jede Aussicht auf sachlichen Erfolg Allerhöchstdenselben nur an mir irre machen würden, kann ich nicht für nützlich halten», erklärte er, sein ganzes System verratend. Zwischen dem herrischen Kaiser, der darauf beharrte, die Richtlinien der Innen- und Außenpolitik selbst zu bestimmen, und seinem «Bülowchen» (wie Wilhelm ihn nannte) entstand ein symbiotisches Verhältnis, das es beinahe unmöglich macht, im nachhinein festzustellen, wer wen zu welcher Entscheidung überredet hat und wie oft der Kanzler wider besseres Wissen nachgeben mußte, um das gegenseitige Einvernehmen nicht zu gefährden. Klar ist nur, daß ein solches System des faulen Zaubers des deutschen Volkes unwürdig und den Ansprüchen der spannungsgeladenen Weltlage im beginnenden 20. Jahrhundert kaum gewachsen war.

III. Der uferlose Weltpolitiker (1896–1908)

Die Herausforderung Europas: Weltmacht- und Flottenpolitik

Sehr bald nach der Reichsgründung hatte Bismarck erkennen müssen, daß er mit seinen drei Einigungskriegen gegen Dänemark 1864, Österreich 1866 und Frankreich 1870/71 die äußerste Grenze dessen erreicht hatte, was für das europäische Staatensystem hinnehmbar war. Indem er weitgehend auf den Erwerb von Kolonien verzichtete und gleichzeitig die übrigen Großmächte Europas (England, Frankreich, Österreich-Ungarn und Rußland) zur imperialistischen Expansion ermunterte, war es ihm einigermaßen gelungen, deren Rivalitäten fern von Deutschland an die Peripherie abzulenken, wo sie miteinander in Konflikt gerieten. Eine derartige Zurückhaltung war dem jungen, tatendurstigen, geltungssüchtigen und stark gemütsbewegten Wilhelm II. gänzlich fremd. Seine Verehrung für seine dynastischen Vorfahren – vor allem für den Soldatenkönig, für Friedrich den Großen und seinen eigenen Großvater – drückte sich nicht nur in seiner Entschlossenheit aus, die Rechte seiner Krone nach der langen Kanzlerdiktatur Bismarcks wieder vollauf zur Geltung zu bringen; seine Identifikation mit den kriegerischen Hohenzollernhelden von einst bedeutete ihm auch eine Verpflichtung, Preußen-Deutschland zu neuer Größe zu führen. Zum hundertjährigen Geburtstag seines Großvaters am 22. März 1897 rief er aus, Bismarck und der Generalfeldmarschall Graf von Moltke seien nichts als «Handlanger und Pygmäen» seines Großvaters gewesen, nicht sie, sondern «Kaiser Wilhelm der Große» habe Preußen vergrößert und zum Kernstaat des Deutschen Reiches gemacht – und so wollte er das Deutsche Reich zum Mittelpunkt eines geeinten Europas führen.

In einem giftigen Gebräu aus Ahnenkult, Gottesgnadentum, Militarismus und Rassismus hielt Wilhelm II. an der Idee fest, als Instrument des Herrn dazu berufen zu sein, das deutsche Volk – das Salz der Erde – herrlichen Zeiten entgegenzuführen. In der Menschheitsgeschichte zeige sich der Wille Gottes in dem Auf- und Abstieg der von gekrönten Häuptern geleiteten Völker. Die «weiblichen» lateinischen und slawischen Rassen seien degeneriert, die Zukunft gehöre den «männlichen» protestantisch-christlichen Germanen. Am 22. März 1905 – wieder mal dem Geburtstag seines Großvaters – erklärte er anläßlich der Einweihung eines Denkmals für seinen Vater in Bremen: «Das Weltreich, das ich Mir geträumt habe, soll darin bestehen, daß vor allem das neugeschaffene Deutsche Reich von allen Seiten das absoluteste Vertrauen als eines ruhigen, ehrlichen, friedlichen Nachbarn genießen soll, und daß, wenn man dereinst vielleicht von einem deutschen Weltreich oder einer Hohenzollernweltherrschaft in der Geschichte reden sollte, sie nicht auf Eroberungen begründet sein soll durch das Schwert, sondern durch gegenseitiges Vertrauen der nach gleichen Zielen strebenden Nationen.» Diese angeblich friedliche «deutsche Mission» hatte er schon bald nach seiner Thronbesteigung seinem Freund Eulenburg mit den Worten anvertraut: «Ich hoffe, daß Europa allmählich den Grundgedanken meiner Politik durchschauen wird: Die Führung im friedlichen Sinn – eine Art Napoleonische Suprematie.» Ähnlich verkündete Wilhelm im Februar 1894 im preußischen Staatsministerium: «Unsere Suprematie sei nicht nur durch unser Heer, sondern auch durch die Handelspolitik Europa vor Augen zu führen.» Und im Juli 1895 versicherte er dem Kronprinzen von Schweden und Norwegen: «Mein ganzes Dichten und Trachten und meine ganzen Gedanken in der Politik sind darauf gerichtet, die germanischen Stämme in der Welt, speziell in Europa fester zusammen zu führen und zu schmieden.»

So sprunghaft der «Zickzackkurs» der wilhelminischen Außenpolitik im Rückblick auch erscheint, die Leitidee Wilhelms II. blieb über Jahrzehnte hinweg der Zusammenschluß des monarchisch verfaßten europäischen Festlands unter deutscher Vorherrschaft. Ob diese deutsche Suprematie in Europa auf friedlichem Wege zu erreichen sein würde, war allerdings mehr als fraglich, denn nicht nur Rußland und Frankreich, die seit 1894 miteinander verbündet waren, sondern letzten Endes auch die ozeanische Weltmacht Großbritannien würden sich mit Sicherheit gegen eine deutsche Hegemonie stemmen und sich zur Verteidigung ihrer Selbständigkeit und Existenz zusammenschließen.

In Verkennung der Gefahr der Einkreisung griff Wilhelm II. in die Interessensphären der übrigen Großmächte auch in Übersee ein. Unter dem Motto, aus dem Deutschen Reich sei ein «Weltreich» geworden, sandte er im Januar 1896 seine berüchtigte Gratulationsdepesche an den Burenpräsidenten Krüger – den Einwand des Reichskanzlers, er riskiere mit seiner Einmischung in Südafrika den Krieg mit England, wischte der Kaiser mit der Bemerkung vom Tisch: «Ja, aber nur zu Land!» Ein Jahr darauf bestand er auf der Annexion von Kiautschou im Nordosten Chinas. «Ich bin fest entschlossen, unsere hypervorsichtige, in ganz Ostasien bereits als schwach angesehene Politik nunmehr aufzugeben und mit voller Strenge und wenn nötig mit brutalster Rücksichtslosigkeit den Chinesen gegenüber endlich zu zeigen, daß der Deutsche Kaiser nicht mit sich spaßen läßt und es übel ist, denselben zum Feind zu haben», erklärte er dem Reichskanzler und dem Auswärtigen Amt, die ängstlich vor einer Verletzung der russischen Interessen in China gewarnt hatten. 1900 drängte er darauf, den als «Weltmarschall» verspotteten Waldersee zum Oberbefehlshaber des internationalen Expeditionskorps zur Niederschlagung des Boxeraufstandes in China zu ernennen.

Als vorläufiger Höhepunkt seiner Weltpolitik gilt Wilhelms II. spektakuläre Reise nach Konstantinopel, Haifa, Jerusalem, Beirut und Damaskus im Herbst 1898 – damals wie heute einer der gefährlichsten Krisenherde auf Erden, wo nicht nur die Interessen der Großmächte, sondern auch die der drei Weltreligionen Judentum, Christentum und Islam aufeinandertreffen. Sein triumphaler Einzug in Jerusalem am 29. Oktober 1898 zur Einweihung der Erlöserkirche, hoch zu Roß in die Uniform eines preußischen Feldmarschalls mit Tropenhelm gekleidet, muß nicht nur auf den stets mißtrauischen Sultan Abdulhamid II., dessen Stadt dies war, einen beunruhigenden Eindruck gemacht haben. Sein Auftritt in Jerusalem zeigt in alarmierendem Maße, wie weit sich der Kaiser von Bismarcks berühmtem Diktum entfernt hatte, der ganze Orient sei nicht den Knochen eines einzigen pommerschen Grenadiers wert. In Jerusalem empfing er Theodor Herzl und äußerte sich wohlwollend gegenüber dem Wunsch der Zionisten, er möge ein deutsches Protektorat über eine jüdische Heimstätte in Palästina ausrufen. Er telegraphierte dem Papst seine Bereitschaft, das Protektorat über die Katholiken im Heiligen Land zu übernehmen. Gleichzeitig übernahm er das Protektorat über die deutsche evangelische Weihnachtskirche in Bethlehem. Aber auch der Islam sollte in der Gunst des deutschen Souveräns nicht zu kurz kommen. In Damaskus lobte er Saladin als einen der «ritterlichsten Herrscher aller Zeiten» und verkündete: «Möge der Sultan und mögen die 300 Millionen Mohammedaner, die, auf der Erde zerstreut lebend, in ihm ihren Khalifen verehren, dessen versichert sein, daß zu aller Zeit der deutsche Kaiser ihr Freund sein wird!» Der mitgereiste Bülow erkannte sofort die fatale Wirkung, die dieser Trinkspruch in Paris, London und St. Petersburg haben mußte, herrschten doch alle drei Regierungen über Abermillionen von unruhigen muslimischen Untertanen. Er war aber machtlos, die Veröffentlichung zu verhindern: Wilhelm hatte den Text seiner Rede bereits nach Konstantinopel depeschiert.

Der bauernschlaue Hintergedanke, der den Kaiser zu diesem theatralischen Auftritt im Orient bewegte, kam in dem eigenhändigen Brief zum Ausdruck, den er – wie immer ohne Kenntnis des Reichskanzlers – am 20. Oktober 1898 aus Konstantinopel an Zar Nikolaus II. richtete. In dem Versuch, Rußland gegen Großbritannien aufzuwiegeln, schrieb er, der Zar dürfe nie vergessen, «daß die Mohammedaner ein gewaltiger Trumpf in unserer Hand sind, im Falle Du oder ich plötzlich vor einem Kriege mit der besagten einmischungslüsternen Macht [gemeint ist England] stehen sollten.» Die Vorstellung, die islamische Welt aufwiegeln und gegen Deutschlands Feinde mobilisieren zu können, am besten unter dem Kommando eines preußischen Generals, bildete eine Lieblingsidee Wilhelms II. bis weit in den Ersten Weltkrieg hinein.

Der «verspäteten Nation» der Deutschen standen zu diesem Zeitpunkt scheinbar weite Gebiete für ein eigenes Kolonialreich zur Verfügung. 1899 teilte Bülow dem Kaiser den Erwerb von zwei Samoainseln im Südpazifik als glorreichen Erfolg für Marine und Volk mit und versicherte ihm schwülstig, der Gewinn werde «beide aneifern, Euerer Majestät weiter zu folgen auf der Bahn, die zu Weltmacht, Größe und ewigem Ruhm führt». Vor allem die große Landbrücke vom östlichen Mittelmeer über Mesopotamien, Persien und Indien nach China lockte als Fernziel: Mesopotamien (der heutige Irak) habe ihm «schon seit Jahren» als Kolonialgebiet vorgeschwebt, erklärte Wilhelm um die Jahrhundertwende, als er mit Eifer den Bau der Bagdadbahn – «Meine Bahn!» – betrieb. In Afrika schwebte ihm als künftiges Ziel der Zusammenschluß der deutschen Kolonien zu einem mittelafrikanischen Block durch den Erwerb Belgisch-Kongos immer mit. Die Karibik mit den holländischen und dänischen Inseln und dahinter ganz Lateinamerika bot der kaiserlichen Marine, deutschen Aussiedlern und Wirtschaftsunternehmern reichlich Gelegenheit zur Expansion. Als US-Präsident Theodore Roosevelt dem Kaiser 1903 nahelegte, er solle sich doch im europäischen Osten statt in der westlichen Hemisphäre ausdehnen, reagierte Wilhelm II. burschikos: «Prosit! dort sitzen die Russen. Nein, Südamerika ist unser Ziel, alter Junge!» Allmählich erkannte auch Washington die latente Gefahr, die von der zügellosen wilhelminischen Weltpolitik drohte, und baute seine Atlantikflotte auf. Das hinderte den Kaiser freilich nicht daran, den Amerikanern hin und wieder (vor allem 1908 in dem Interview mit dem Publizisten Hale) die Aufteilung des Britischen Empires zwischen den USA und Deutschland vorzuschlagen!

In Berlin arbeitete der Admiralstab um die Jahrhundertwende unter reger Anteilnahme des Obersten Kriegsherrn fantastische Operationspläne für einen eventuellen Krieg gegen die aufsteigende Republik von Nordamerika aus. Demnach sollten deutsche Kriegsschiffe durch einen Überfall auf Puerto Rico die US-Navy zu einer Schlacht in der Karibik provozieren, auf die die Beschießung von New York von Long Island aus erfolgen würde. Zur gleichen Zeit sollte eine größere Armee an der Küste New Englands landen und auf Baltimore und Washington marschieren. Diese absurden Pläne wurden erst storniert, als Schlieffen 1903 klarstellte, daß, um hunderttausend Mann über den Nordatlantik schiffen zu können, Deutschland erst sicher vor einem Angriff in Europa sein müßte. Nichts zeigt das strategische Dilemma der deutschen Weltpolitik deutlicher als dieses vernichtende Urteil Schlieffens: Um zu einer globalen Weltmacht auf Augenhöhe mit dem Britischen Empire, dem russischen Riesenreich und der französischen Kolonialmacht aufzusteigen, müsse sich das Deutsche Kaiserreich aus der «Greifzange» des russisch-französischen Bündnisses befreien und die Macht Großbritanniens als Garant des Gleichgewichts auf dem europäischen Kontinent neutralisieren. Aber wie?

Seit der Jahrhundertwende verfolgten Kaiser Wilhelm und seine Paladine zwei großangelegte Strategien – die eine gegen die Flügelmacht Großbritannien im Westen, die andere gegen die Flügelmacht Rußland im Osten gerichtet – mit dem Ziel, den gordischen Knoten zu durchhauen. Der Tirpitz-Plan, eingeleitet 1897 mit der Ernennung des Admirals zum Staatssekretär des Reichs-Marine-Amts, sah den Bau von 60 Linienschiffen bis 1920 vor, die alle stets kampfbereit unter einem Kommando in der Nord- und Ostsee stationiert werden sollten. Dieser Schlachtflottenbau stellte eine existentielle Herausforderung Großbritanniens dar, der die ozeanische Weltmacht aber letztendlich – so kalkulierte Tirpitz – nicht würde standhalten können: Um seinen maritimen Vorsprung zu bewahren und seinen weltweiten Verpflichtungen nachkommen zu können, würde England nämlich mindestens drei Schlachtschiffe auf zwei deutsche Neubauten auf Kiel legen müssen, und dazu reichten auf Dauer weder seine wirtschaftliche Kraft noch sein Menschenpotential. Das Endziel des Tirpitz-Plans bestand darin, die globale Vorherrschaft Großbritanniens zu brechen – entweder in einer Entscheidungsschlacht gegen die Royal Navy in der Nordsee zum richtigen Zeitpunkt oder aber durch ein politisches Einlenken Londons, das die weltweite Gleichstellung des Kaiserreiches (und in erster Linie die deutsche Hegemonie über Europa) vertraglich festlegen würde. Das scheinbar so exakt durchkalkulierte Strategem des Admirals enthielt aber schwerwiegende Fehler und beruhte auf einer gewaltigen Unterschätzung sowohl der Entschlossenheit der Briten als auch ihrer Möglichkeit, Verbündete zu finden. Mit dem Abschluß der Allianz mit Japan 1902 und der Entente cordiale mit Frankreich 1904 konnte Großbritannien seine Schiffe aus dem Fernen Osten und dem Mittelmeer in die Heimat zurückführen. Damit war die Tirpitzsche Rechnung schon geplatzt, denn gegen die vereinten Seemächte England, Japan und Frankreich – und nach 1907 auch Rußland – hatte die deutsche Flotte keine Chance. Dennoch hielt Kaiser Wilhelm am forcierten Schlachtflottenbau fest und drohte den Engländern offen mit Krieg, sollten sie in ihrer «bodenlosen Unverschämtheit» fortfahren, eine Verlangsamung des Bautempos zu fordern. «Nein! 3 mal Nein!» rief er aus. Für Bülow als verantwortlichen Leiter der deutschen Außenpolitik wirkte der Schlachtflottenbau wie ein eisernes Korsett, das seine Bewegungsfreiheit stark einschränkte, doch selbst wenn er gewollt hätte, würde er nie gewagt haben, das Lieblingsspielzeug des Kaisers in Frage zu stellen.

Die größte Gefahr für die grandiosen Pläne Wilhelms II. bildete die stets gegebene Möglichkeit der Engländer, die kaiserliche Flotte in einem Präventivschlag zu versenken, noch ehe sie eine kritische Masse erreichte. Beim Durchschreiten dieser «Gefahrenzone» betonte der Kaiser besonders innig seine Liebe für England und seine enge Verwandtschaft mit dem britischen Königshaus als ältester Enkel der Queen Victoria – getreu dem Motto, wie er zynisch bemerkte, daß Blut dicker sei als Wasser. «Ich bin der Einzige, der die Engländer noch hält, sonst brechen sie vorzeitig los und meine Flotte ist nicht fertig», erklärte er 1902, sein ganzes Konzept verratend. Was aber gedachten Wilhelm und seine Admirale zu tun, wenn die Engländer doch «vorzeitig» losschlagen sollten? In den ersten Jahren des 20. Jahrhunderts arbeitete der Admiralstab mit dem ausdrücklichen Einverständnis des Obersten Kriegsherrn an dem Plan, Dänemark zu besetzen und Kopenhagen zu belagern. Sein Kalkül war, daß die britische Öffentlichkeit diese Vergewaltigung des kleinen neutralen Staates nicht würde hinnehmen können. Die Royal Navy würde sich gezwungen fühlen, ein Geschwader zum Entsatz der dänischen Hauptstadt abzuzweigen, wo es von der in den Belten und im Sund wartenden deutschen Hochseeflotte versenkt werden würde. Daraufhin sollte sich die kaiserliche Marine die restlichen Verbände der Navy in der Nordsee vornehmen. Dieser absurde Plan wurde erst im Februar 1905 aufgegeben, als der Generalstab unter Schlieffen darauf hinwies, daß die beiden Armeekorps, die die Marine für die Invasion Dänemarks vorgesehen hatte, doch für den Angriffskrieg auf Frankreich gebraucht werden würden. Nach der Entente cordiale zwischen London und Paris sei ein Krieg «gegen England allein» auszuschließen.

Der Russisch-Japanische Krieg und das Kaisertreffen auf Björkö (1904–1905)

Ohne eine Lösung des strategischen Dilemmas im Westen erreicht zu haben, blieb die Ambition eines Durchbruchs zur Hegemonie in Europa sowie das Liebäugeln mit einem grandiosen Kolonialreich irgendwo in Übersee vorerst reine Zukunftsmusik. Doch mit dem Abschluß des Bündnisses zwischen England und Japan 1902 war Bewegung in das internationale Staatensystem gekommen, die dem Kaiser über seine russischen Verwandten im Osten einen dramatischen Erfolg zu verheißen schien. Er selbst hatte die Heirat zwischen Zar Nikolaus II. und seiner (Wilhelms) Kusine Alicky von Hessen-Darmstadt, die als Zarin den Namen Alexandra trug, gestiftet, und sein Bruder Heinrich war mit Irene, der jüngeren Schwester Alexandras, verheiratet. Seit «Nickys» Thronbesteigung 1894 hatte «Willy» in englischer Sprache und ohne Mitwissen des Reichskanzlers oder des Auswärtigen Amtes mit ihm eine hochpolitische Korrespondenz geführt, die die Welt schockierte, als sie 1918 von den Bolschewisten veröffentlicht wurde. Der «Willy-Nicky-Briefwechsel» nahm 1902 an Intensität zu. Wilhelm II. verfolgte unverhohlen das Ziel, den Zaren durch die Versicherung deutscher Rückendeckung in einen Krieg mit Japan zu verwickeln. Gelänge dies, so sein Kalkül, wäre Rußland auf lange Zeit im Fernen Osten gebunden, Frankreich damit auf dem Festland isoliert und die deutsche Vormachtstellung auf dem ganzen eurasischen Kontinent so gut wie gesichert.

Nie schienen die Chancen eines Durchbruchs zur Weltmachtstellung greifbarer als in den Jahren 1902 bis 1905. In seinen Briefen und Depeschen und seinen Begegnungen mit dem infantilen Nikolaus II. in Danzig, Tallinn (damals Reval genannt) und Wiesbaden trieb Wilhelm den Zaren an, sich von Europa abzuwenden, die Mandschurei und Korea zu annektieren und die Engländer in Indien, Afghanistan und Persien zu bedrohen. Wie schon in der bekannten Zeichnung «Völker Europas, wahrt eure heiligsten Güter», die Wilhelm 1895 dem Zaren zukommen ließ, bedrängte er Nikolaus, dessen von Gott gegebene Rolle sei die Verteidigung der Christenheit gegen die heidnische

«Gelbe Gefahr». Er möge sich als «Admiral des Pazifik» betrachten, während er, Wilhelm, als «Admiral des Atlantik» fungieren würde. Dann würden die fünf Großmächte des europäischen Kontinents – also einschließlich Frankreich – eine Heilige Allianz gegen den demokratischen Wind bilden können, der vom Atlantik her wehte, soufflierte er dem Zaren. Ziel dieser persönlichen Diplomatie war es, «Frankreich von England abzuziehen und neben uns und Rußland zu schieben». Wie das neue Europa nach dem Zusammenschluß Deutschlands und Rußlands aussehen würde, setzte Wilhelm dem Zaren im Hochgefühl mit den Worten auseinander: «Die kleineren Völker Europas wie Holland, Belgien, Dänemark, Schweden, Norwegen [werden] alle zu diesem neuen, großen Schwergewichtszentrum hingezogen [...] durch das ganz natürliche Gesetz der Anziehung kleiner Körper durch die größeren und kompakteren. Sie werden sich um die Bahn des großen Mächteblocks (Rußland, Deutschland, Frankreich, Österreich, Italien) drehen. [...] Die Doppelallianz in Verbindung mit dem Dreibund ergibt einen Fünfbund, der wohl in der Lage ist, alle unruhigen Nachbarn in Ordnung zu halten und den Frieden vorzuschreiben, selbst mit Gewalt.»

Zweimal, im Dezember 1904 und dann wieder während seiner Begegnung mit Nikolaus II. auf der Insel Björkö im finnischen Meerbusen im Juli 1905, glaubte der Kaiser, den größten Coup seines Lebens gelandet zu haben, durch den er hoffte, das europäische Staatensystem aus den Angeln heben zu können. Um so bitterer war seine Enttäuschung, als sein Kartenhaus zusammenstürzte. Es entbehrt nicht der Ironie, daß der Einfluß der russischen Minister auf ihren angeblich «absoluten» Zaren größer war als derjenige des «verantwortlichen» Reichskanzlers auf den konstitutionellen Deutschen Kaiser. Auf Drängen seiner Ratgeber zog Nikolaus nämlich seine Einwilligung zum bereits unterschriebenen Vertrag von Björkö zurück, es sei denn, Frankreich würde freiwillig seine Zustimmung dazu geben, was natürlich ausgeschlossen war. Wilhelm war bitter enttäuscht: Es sei dies «der erste Mißerfolg, den ich persönlich erlebe».

Allerdings erkannte selbst Bülow jetzt die Gefahr, die in den

Alleingängen seines Souveräns in der Großen Politik lauerte. Als Protest gegen die eigenmächtig von Wilhelm vorgenommene Abänderung einer Klausel im Vertrag von Björkö reichte er am 3. August 1905 nach Rücksprache mit Holstein sein Rücktrittsgesuch ein. Sein Brief löste bei Kaiser Wilhelm II. einen Nervenzusammenbruch aus. «Meinen Seelenzustand Ihnen zu schildern, werden Sie, lieber Bülow, wohl mir erlassen. Vom besten, intimsten Freund, den ich habe [...] so behandelt zu werden [...] das hat mir einen solchen fürchterlichen Stoß gegeben, daß ich vollkommen zusammengebrochen bin und befürchten muß, einer schweren Nervenkrankheit anheimzufallen!» Händeringend bat er den Kanzler, sein Entlassungsgesuch zurückzunehmen, andernfalls würde er sich das Leben nehmen. «Der Morgen nach dem Eintreffen Ihres Abschiedsgesuches würde den Kaiser nicht mehr am Leben treffen! Denken Sie an meine arme Frau und Kinder!» Das war ein bewegendes, aber doch auch erschreckendes Eingeständnis der Hilflosigkeit und Abhängigkeit des nach außen hin bramarbasierenden Autokraten, Militaristen und Rassisten auf dem «mächtigsten Thron der Erde».

Krieg im Westen? Die Tanger-Landung und das Fiasko von Algeciras (1905–1906)

Als mit dem japanischen Überfall auf Port Arthur im Februar 1904 der von Wilhelm ersehnte Russisch-Japanische Krieg begann, sah sich der Kaiser mit der Gretchenfrage konfrontiert, ob er die Gunst der Stunde nutzen sollte, um blitzartig über den «Erbfeind» Frankreich herzufallen. Die Versuchung, den Befreiungsschlag gen Westen zu wagen, solange das Zarenreich im Fernen Osten gebunden war, wurde mit den unerwarteten Niederlagen der russischen Streitkräfte zu Lande und zur See beziehungsweise mit dem Ausbruch der Revolution von 1905 nicht geringer, sondern nur noch verlockender. Für die «Gallier», wie er die Franzosen stets nannte, hatte Wilhelm ohnehin nichts als Verachtung übrig – sie seien ein «weibliches» Volk, ein Volk von Königsmördern und Atheisten. Im Vergleich zu einer Bevölkerung von 38 Millionen jenseits des Rheins hätte Deutschland jetzt schon 56 Millionen Einwohner und könne daher drei Millionen mehr Soldaten ins Feld schicken als die Franzosen, setzte er dem Zaren auseinander. Einem amerikanischen Gast sagte er (wohl scherzend), Deutschland habe einen solchen Bevölkerungsüberschuß, daß er die Franzosen vielleicht eines Tages würde auffordern müssen, sich zurückzuziehen, um Platz für deutsche Umsiedler zu machen.

Im Januar 1904 gab Wilhelm II. – wieder einmal ohne Kenntnis des Kanzlers – die Absicht seines Generalstabes preis, im Falle eines Konflikts im Westen über das neutrale Belgien herzufallen. Während eines Banketts für den belgischen König Leopold II. brüstete er sich mit der Behauptung, er entstamme der Schule Friedrichs des Großen, der Schule Napoleons I., und genau wie Friedrich zu Beginn des Siebenjährigen Krieges ohne Vorwarnung in Sachsen eingefallen wäre, so würde er blitzschnell über Frankreich herfallen. Er ließe nicht mit sich spaßen, erklärte er dem verdutzten König: «Wer im Falle eines europäischen Krieges nicht für mich sei, der sei gegen mich.» «Kategorisch» konfrontierte er Leopold mit der Frage, «welche Haltung er – der König – im Falle des Ausbruchs eines bewaffneten deutsch-französischen bezw. deutsch-englischen Konflikts einzunehmen beabsichtige». Wie der deutsche Geschäftsträger in Brüssel (allerdings erst zwölf Monate später) in Erfahrung brachte, verlangte der Kaiser bei dieser Gelegenheit von seinem hohen Gast, ihm «schon in Friedenszeiten eine schriftliche Erklärung darüber abzugeben, daß Belgien im Konfliktsfalle sich auf unsere Seite stelle, und daß der König uns zu diesem Zwekke u. a. die Verfügung über die belgischen Bahnen und befestigten Plätze gewährleiste. Tue dies der König nicht, so könne Er – S. M. der Kaiser – ihm Land und Dynastie nicht garantieren. Wir würden ev[entuell] ohne jeden Verzug in Belgien einrücken. [...] Gebe der König dagegen die gewünschte Erklärung schon jetzt ab, so sei Er – S. M. der Kaiser – wenn auch nicht gern, geneigt, ihm nicht nur den Fortbestand des jetzigen Königreichs Belgien zu garantieren, sondern dieses sogar durch Zuteilung nordfranzösischer Gebietsteile, – Seine Majestät ließ hierbei u. a. auch den Ausdruck ‹Alt-Burgund› fallen –, zu vergrößern.»

König Leopold war durch diese ultimative Forderung dermaßen verstört, daß er beim Aufstehen seinen Helm falsch aufsetzte, mit dem Adler nach hinten. Natürlich breitete sich die Nachricht von diesem ungeheuren Vorfall in Windeseile aus. In Paris und London zog man seine Schlüsse. Die Entente cordiale zwischen Frankreich und Großbritannien wurde im Frühjahr 1904 abgeschlossen.

Was von dem Angebot des Kaisers an König Leopold wirklich zu halten war, geht aus einer Depesche hervor, die Wilhelm II. im Juli 1905 unmittelbar nach Abschluß des Vertrags von Björkö an Reichskanzler Bülow richtete. Sollte es nun zum Krieg mit England kommen, schrieb er, «so müssen sofort [...] zwei Depeschen abgehen nach Brüssel und Paris mit einer Sommation, sich binnen sechs Stunden zu erklären, ob für oder wider uns. In Belgien müssen wir sogleich einmarschieren, wie es sich auch erklären möge. Bei Frankreich kommt es darauf an, ob es neutral bleibt.» In diesem Falle könne man erwägen, «ob Frankreich als Lockspeise für sein gutes Verhalten uns gegenüber nicht etwa eine Arrondierung auf Kosten Belgiens als Ersatz für die verlorenen Reichslande [Elsaß-Lothringen] angeboten werden könnte». Mache dagegen Frankreich mobil, dann sei das eine Kriegsdrohung gegen Deutschland zugunsten Englands, «und dann müssen russische Regimenter mit uns marschieren». Wie im Rausch fuhr Seine Majestät in seinem Telegramm fort: «Ich habe Glauben, die Aussicht, im schönen Gallien zu rabuschern und zu plündern, würde den Russen Freude genug bereiten, um sie zu locken. [...] Auf aktive Hülfe Rußlands ist in nächster Zeit nicht zu rechnen, da Krieg und Revolution das Heer beschäftigt und keine Flotte mehr da ist. Aber es läßt uns den Rücken frei! Passiv sehr gut!» Wie verlockend dem Kaiser zu diesem Zeitpunkt der Krieg im Westen vorkam, zeigt ferner die Tatsache, daß er im Februar 1904 den ungeheuerlichen Schritt unternahm, der niederländischen Königin Wilhelmina heimlich seine Absicht mitzuteilen, im Kriegsfall die gesamte holländische Küste mit Beschlag zu belegen, um dort eine Landung britischer Truppen zu verhindern.

Vor diesem spannungsgeladenen Hintergrund ist es verständlich, daß das plötzliche Erscheinen des Deutschen Kaisers vor der internationalen Hafenstadt Tanger auf der marokkanischen Seite der Straße von Gibraltar am 31. März 1905 auf die ganze Welt wie eine Herausforderung wirkte. Der Besuch löste eine schwere Krise aus, die die Mächte erstmals an den Rand eines großen Krieges brachte. König Edward VII. war der Überzeugung, daß Wilhelm mit seinem Ritt durch Tanger tatsächlich die Absicht verfolgte, einen Krieg zu provozieren, und betrachtete fortan seinen Neffen als den gefährlichsten Feind, den England überhaupt hatte. Deutsche Diplomaten beschuldigten die Hofmilitärs um Wilhelm, diesen an einen Punkt gedrängt zu haben, «der Nahe am Krieg war». Andere wiederum gaben Bülow und vor allem dem Geheimrat von Holstein die Schuld, den widerstrebenden Kaiser zu der provokanten Landung überredet zu haben.

Die Quellenlage ist lückenhaft, und die Historiker sind sich deswegen uneins, klar ist aber, daß Holstein, von Bülow gedeckt und in Tuchfühlung mit Schlieffen, als eigentlicher Architekt der deutschen Marokkopolitik gelten muß. Wenn er es auch nicht direkt auf einen Krieg in Westeuropa unter vermeintlich günstigen Bedingungen abgesehen hatte, so befolgte der spitzfindige Geheimrat in der Ersten Marokkokrise doch einen unnachgiebigen Kurs, wobei er die Möglichkeit, wenn nicht gar die Wahrscheinlichkeit eines Krieges mit Frankreich (und England) bewußt einkalkulierte. Frankreich sollte vor die Wahl gestellt werden, sich Deutschland vertraglich anzuschließen oder den Einfall der preußisch-deutschen Armee zu gewärtigen. Nicht territorialer oder kommerzieller Gewinn in Nordafrika war das Ziel, sondern die erzwungene Abspaltung Frankreichs von seinem neuen Ententepartner Großbritannien. Da die französische Republik auf absehbare Zeit ohne Unterstützung seines Bündnispartners Rußland sein würde, käme eine Kapitulation vor der deutschen Kriegsdrohung der faktischen Anerkennung der Suprematie Deutschlands auf dem Kontinent gleich. Daß dieses schwindelerregende Wagnis überhaupt nur gelingen würde, wenn die Drohung mit dem Krieg wirklich ernst gemeint und bis zuletzt auch glaubhaft durchgehalten wurde, liegt auf der Hand. Und gerade an dieser Stelle gab es im Hasardspiel Holsteins einen unkalkulierbaren Unsicherheitsfaktor – den Kaiser.

So aggressiv und kriegslustig sich Wilhelm II. nach dem Ausbruch des Russisch-Japanischen Krieges auch gebärdete, die Gefahren eines Krieges gegen die beiden Großmächte im Westen verkannte er keineswegs. Weder die Armee noch erst recht die Flotte waren kriegsbereit, und gegen einen Angriffskrieg, das wußte er auch, würde sich die eigene Bevölkerung auflehnen. Der Kriegsminister von Einem setzte dem Obersten Kriegsherrn zudem auseinander, daß die deutsche Feldartillerie der französischen unterlegen sei. Der Kaiser geriet in Panik, als ein englischer Admiral mit der Versenkung der noch lange nicht fertiggestellten deutschen Schlachtflotte drohte. Wütend reagierte er auf Presseberichte, wonach die Engländer bei Kriegsausbruch ein Expeditionskorps von 100 000 Mann auf dem Kontinent zu landen beabsichtigten. Er monierte, daß die Haltung, die die Verbündeten und die neutralen Staaten in einem Konflikt in Westeuropa einnehmen würden, alles andere als geklärt sei. Weit entfernt war man auch von der Realisierung seiner Lieblingsidee, die islamische Welt unter sein Kommando zu stellen. Schließlich kam hinzu, daß Bülow ihn darauf hinwies, daß Schlieffen zu alt sei, um einen großen Krieg zu führen. Im stillen freilich fiel dem Reichskanzler, wie ein Zeitgenosse festhielt, «das Herz in die Hosen» bei der Erkenntnis, «mit *dem* Kaiser ist ein Krieg unmöglich».

Ausschlaggebend erwies sich dann das eingehende Gespräch, das Wilhelm II. am 28. Dezember 1905 im Neuen Palais mit dem britisch-südafrikanischen Diamantenmillionär Sir Alfred Beit führte, den er für einen Vertrauten des englischen Königs hielt. Beit ließ keinen Zweifel daran, daß Großbritannien gerade in der Marokkofrage (dem Herzstück der Entente) entschlossen sei, sich schützend vor Frankreich zu stellen. Drei Tage nach dieser Begegnung schrieb Wilhelm seinen Silvesterbrief, einen der berüchtigsten Briefe seiner ganzen Regierungszeit, in dem er Bülow gegenüber die Gründe auflistete, die fürs erste gegen die Entfesselung eines «Weltkrieges» – so der Kaiser wörtlich –

sprächen. Er führte aus: «Wegen Marokko England den Gefallen tun, das Odium eines Angriffs gegen Frankreich auf uns zu nehmen, damit es dann endlich die ersehnte Gelegenheit hat, unter dem schönen Gewande ‹Unterstützung des überfallenen Schwachen› über uns herzufallen, das liegt nicht in unserem Interesse und ist auch kein Programm für die Begeisterung unseres Volkes. [...] Wenn Sie, lieber Bülow, mit der Aussicht einer Kriegsmöglichkeit [...] rechnen, so müßten Sie dann noch energisch sich nach unseren Verbündeten umsehen. Diese müßten unbedingt zur Mithülfe aufgefordert werden, denn ihre Existenz steht dann auch auf dem Spiel, da es ein Weltkrieg würde. Vor allem aber müßte sofort eine Alliance mit dem Sultan gemacht werden coute qui coute, die die mohammedanischen Kräfte in weitester Weise – unter preußischer Führung – zu meiner Verfügung stellen, auch mit allen Arabischen Herrschern ebenso. Denn allein sind wir nicht in der Lage, gegen Gallien und England verbündet den Krieg zu führen. Das nächste Jahr ist besonders ungünstig, als wir gerade bei der Umbewaffnung unserer Artillerie mit einem neuen (Rohrrücklauf) Geschütz uns befinden, was ein Jahr dauern wird, bis es durchgeführt ist. Auch die Infanterie ist in der Umbewaffnung begriffen und erhält neue Gewehre und neue Munition. Bei Metz sind überall noch unvollendete Forts und Batterien, die erst in Angriff genommen sind. Somit befinden wir uns militärtechnisch nicht in einem Stadium, in welchem ich als Oberster Kriegsherr einwilligen würde, ohne weiteres meine Armee leichten Herzens einzusetzen.» Zur See grenze die Lage Deutschlands «geradezu fast an Ohnmacht», weil der Reichstag jahrelang die Flottenverstärkung abgelehnt hatte, klagte der Kaiser. «Einer Comb[ination] Frankreich – Englandflotte sind wir absolut wehrlos gegenüber.» Sodann fuhr Wilhelm fort: «Also ich möchte dringend rathen, die Sachen so zu dirigieren, daß, soweit als irgend möglich uns für jetzt die Kriegsentscheidung erspart werde. Zudem kann ich in einem solchen Augenblick wie jetzt, wo die Sozialisten offen Aufruhr predigen und vorbereiten, keinen Mann aus dem Lande ziehen, ohne äußerste Gefahr für Leben und Besitz seiner Bürger. Erst die Sozialisten abschießen, köpfen und unschädlich machen – wenn nötig per Blutbad – und dann Krieg nach außen! Aber nicht vorher und nicht a tempo.»

Die Entscheidung des Kaisers gegen den Krieg verdarb Holstein das Konzept. Mit dem Auffahren groben Geschützes hatte Deutschland zwar den Sturz des französischen Außenministers Delcassé, der die Entente mit England zustande gebracht hatte, sowie die Berufung einer internationalen Konferenz in Algeciras über die Zukunft Marokkos erzwungen, aber wie sollte es nun weitergehen? Die deutsche Delegation blieb ohne Weisung aus Berlin, die übrigen Delegierten (aus Österreich-Ungarn, Frankreich, Großbritannien, Spanien, Italien, Portugal, den Niederlanden, Belgien, Schweden, Norwegen und den USA) rätselten monatelang in der kleinen südspanischen Hafenstadt darüber, was das Kaiserreich mit der ganzen Aktion eigentlich bezwecke. Schließlich leitete Bülow am 7. März 1906 den Befehl des Kaisers zum Einlenken an den Chefunterhändler Radowitz in Algeciras weiter. Weit entfernt, das eigentliche Ziel der Spaltung der anglo-französischen Entente erreicht zu haben, hatte das kriegerische Auftreten des Kaiserreichs zu einem noch engeren Schulterschluß der beiden westeuropäischen Weltmächte geführt. Schlimmer noch: bis auf Österreich-Ungarn hatten sämtliche übrigen an der Konferenz teilnehmenden Staaten, darunter die neue Weltmacht USA, gegen Deutschland Partei ergriffen. Das unruhige Kaiserreich war mit seiner herausfordernden und zugleich unkalkulierbaren Politik in die Sackgasse der Isolation geraten.

Die Zuspitzung des deutsch-englischen Gegensatzes

Anfang 1904 hatte Wilhelm II. seine Absicht kundgetan, seinen Flügeladjutanten und Duzbruder Helmuth («Julius») von Moltke, den Neffen des legendären Generalfeldmarschalls, als Nachfolger Schlieffens zum Chef des Großen Generalstabes zu ernennen. War der geschmeidige Bülow dank der Zuflüsterungen Philipp Eulenburgs dem Kaiser zugeführt worden, so galt die Wahl Moltkes als eine ureigene Entscheidung des Obersten Kriegsherrn, ja als ein geradezu erschreckendes Beispiel des reinsten Persönlichen Regiments. Als Träger eines historischen Namens und als einer der «Langen Kerls», die der Monarch in bewußter Nachahmung des Soldatenkönigs um sich sammelte, hatte Moltke am Hofe und in der kaiserlichen Personaldiplomatie eine gewisse Rolle gespielt – er war es, der dem Zaren Wilhelms gegen die «Gelbe Gefahr» gerichtete Zeichnung «Völker Europas!» überbracht hatte –, aber Chef des Generalstabes?! Die Ernennung dieses Hofgenerals zum einflußreichsten Amt in der preußisch-deutschen Armee nahm der Kaiser gegen den Rat des Chefs des Militärkabinetts und fast der gesamten Generalität vor. «Eine tiefere Demüthigung des Generalstabes kann es garnicht geben», seufzte der im Sterben liegende Waldersee, als er von dem Vorhaben Wilhelms erfuhr. Schwermütig und fatalistisch veranlagt, unter dem Einfluß seiner Frau dem Okkultismus Rudolf Steiners zugänglich, war niemand so sehr von seiner Nichteignung für das verantwortungsvolle Amt durchdrungen wie Moltke selbst. Doch Wilhelm bestand auf dessen Beförderung mit dem unheilvollen Spruch, «er brauche keinen Generalstab, er mache Alles allein mit seinen Flügeladjutanten». Beim Kaiser nehme «das Bewußtsein der Größe in einer Weise zu, die geradezu beängstigend wird», vermerkte Waldersee.

Mit der Ernennung Moltkes zum Generalstabschef im Januar 1906 trat eine weitere Figur auf das Parkett in Berlin, die in engster Zusammenarbeit mit Wilhelm II. den Kurs der deutschen Politik bis hin zum Kriegsausbruch 1914 mitgestalten sollte. Hatte sich Bülow als «verantwortlicher» Reichskanzler schon nicht getraut, die von ihm allmählich als desaströs erkannten Schlachtflottenpläne des Kaisers in Frage zu stellen, so wagte er es erst recht nicht, das ihm als Zivilisten verbotene Heiligtum der militärischen Kommandogewalt zu betreten und die Pläne, die der Oberste Kriegsherr in intimer Zusammenarbeit mit seinem neuen Generalstabschef ausheckte, zu hinterfragen. Gegen die Kombinationen Kaiser-Tirpitz in der Marinepolitik und Kaiser-Moltke im Bereich der Armee war der Reichskanzler so gut wie machtlos. Das lief auf eine fatale Beeinträchtigung seines Handlungsspielraums hinaus, zumal Wilhelm II. nach der Demütigung von Algeciras geneigter denn je war, gerade die Englandpolitik persönlich in die Hand zu nehmen.

Es mag zunächst überraschen, daß Moltke nicht dafür eintrat, das nach den Niederlagen im Krieg gegen Japan zusammengebrochene Zarenreich als potentielles Angriffsobjekt anzusehen, wie es nach 1912 der Fall sein sollte. Wie Wilhelm II. und Tirpitz betrachtete aber auch er weiterhin die beiden Westmächte und in erster Linie Großbritannien als die zu bekämpfenden Feindesmächte. Mag der Vertrag von Björkö auch Makulatur geworden sein, die Hoffnung auf die russische Neutralität in einem etwaigen europäischen Konflikt bildete auch nach der Ersten Marokkokrise die Wunschvorstellung Kaiser Wilhelms II. und seines Generalstabschefs. So telegraphierte der Oberste Kriegsherr an den Reichskanzler im Juli 1908 nach einem Gespräch mit Moltke auf der *Hohenzollern:* Falls es zum Krieg im Westen käme, müsse er so eingefädelt werden, «dass England uns anfalle und, falls es Frankreich dazu bekommt, auch Letzteres uns den Krieg erkläre. Dann seien wir die Angegriffenen» – und Rußland wäre nicht mehr vertraglich verpflichtet, seinem Bündnispartner Frankreich beizustehen. Der Kanzler müsse also «im Falle ernster Verwickelungen unsere Taktik so einrichten, dass England und Frankreich uns angreifen, damit dadurch wir die Beleidigten sind. Bei solcher Wendung seh[e]n Moltke und ich mit fester Zuversicht und Ruhe mit Gottvertrauen auch den schwersten Aufgaben getrost entgegen.» Der provozierte Defensivkrieg nach dem Vorbild der Emser Depesche 1870 wurde unter Moltke ein zentraler Bestandteil der deutschen Kriegsplanung. Gleichzeitig bestimmte der Kaiser, das Tirpitzsche Flottengesetz werde «bis ins letzte Tüttelchen ausgeführt; ob es den Briten paßt oder nicht ist egal! Wollen sie den Krieg, so mögen sie ihn anfangen, wir fürchten ihn nicht!»

Aufgrund seiner Verwandtschaft mit dem britischen Königshaus hielt sich Kaiser Wilhelm, was England betraf, seinen Ministern und Diplomaten gegenüber für haushoch überlegen. In der wiederholt geäußerten Überzeugung, daß die Engländer nur brutale Offenheit verstünden, unternahm er um 1908 eine Reihe von Vorstößen von solcher Taktlosigkeit, daß nicht nur Bülow sich die alptraumhafte Frage stellen mußte, ob sein Souverän überhaupt noch bei Sinnen sei. Im Februar 1908 richtete der Monarch ohne Vorwissen des Reichskanzlers, des Außenstaatssekretärs oder des Admirals von Tirpitz einen von Hohn und Zwecklügen strotzenden Brief an Lord Tweedmouth, den Ersten Lord der Britischen Admiralität, in dem er versicherte, daß das deutsche Flottengesetz nicht gegen England gerichtet sei, der einen seiner schlimmsten Alleingänge darstellte und eine schwere internationale Krise auslöste – Maximilian Harden hielt den Brief für «viel, viel ärger als das Krüger Telegramm». Tirpitz drohte mit seinem Rücktritt und mußte mit einem Sitz im Herrenhaus beschwichtigt werden. Bülow und Staatssekretär von Schoen eilten zur britischen Botschaft, um zu erfahren, ob die Gerüchte über den Kaiserbrief der Wahrheit entsprachen. «Bülow fiel zurück in seinen Sessel, mit zurückgeworfenem Kopf und rotem Gesicht [...].» Fürstin Marie Radziwill zweifelte an der geistigen Gesundheit eines Monarchen, der so selbstherrlich und verantwortungslos gehandelt hatte. «Man hat nie eine solche Unbesonnenheit gesehen, einen solchen Mangel an Takt, ein solches Vergessen der Pflichten eines Staatsoberhauptes», seufzte sie. «Ich beginne durchaus überzeugt zu sein, daß unser Herrscher krank und sein Gehirn nicht mehr in völlig normalem Zustand ist.» Doch es sollte noch schlimmer kommen.

Am 11. August 1908 führte Wilhelm II. im Schloß Friedrichshof in Kronberg im Beisein seines Onkels Edward VII. ein Streitgespräch mit dem britischen Unterstaatssekretär Sir Charles Hardinge über den mörderischen Rüstungswettlauf der beiden Länder zur See. Auf den dringend vorgetragenen Wunsch der Engländer nach einer Verlangsamung des deutschen Flottenbautempos reagierte der Kaiser nach eigenen Angaben mit der Erklärung: «Dann werden wir fechten, denn es ist eine Frage der nationalen Ehre und Würde.» Entsetzt gewann Bülow den Eindruck, der Kaiser habe mit der Konfrontation in Kronberg eine Art «welthistorische Szene» wie die konstruieren wollen, «die sich im Juli 1870 in Ems zwischen Wilhelm I. und Benedetti abgespielt hatte».

Während der Nordlandreise in jenem Sommer empfing Wilhelm II. den amerikanischen Publizisten Dr. William Bayard Hale zu einem Interview, dessen Inhalt sich wie ein Lauffeuer von Kabinett zu Kabinett verbreitete und immensen Schaden anrichtete. Schockiert drahtete Hale die kaiserlichen Expektorationen nach New York und warnte: «Deutschland erwartet den Krieg gegen England, und nach meiner Meinung ist es dem Kaiser egal, ob heute oder morgen. Er überschüttete die Engländer zwei Stunden lang mit einem ununterbrochenen Schwall von Beleidigungen.» Wiederholt habe der Monarch betont, «daß Deutschland jeden Augenblick bereit zum Krieg gegen England sei und, je eher er käme, desto besser. Er behauptete, Großbritannien betrachte Deutschland als seinen Feind, weil es die stärkste Macht auf dem Kontinent sei und es immer die Methode Englands gewesen sei, die stärkste Macht anzugreifen. [...] Großbritannien sei fortwährend degeneriert seit dem Burenkrieg, der ein Krieg gegen Gott gewesen sei, für den es noch bestraft werde.» Der Kaiser habe die Absicht zu erkennen gegeben, «Ägypten den Engländern zu nehmen und später das Heilige Land der Türkei und damit den Taten der Kreuzfahrer nachzueifern. [...] Er schien ausgesprochen verbittert über seinen Onkel König Edward und klagte ihn an, die anderen Mächte gegen Deutschland aufzuwiegeln. [...] Während der ganzen Unterredung lief der Kaiser auf und ab und sprach kräftig und verkündete ernst jedes Wort. [...] Er schien voller Elektrizität, und mußte kurz seine Augen schließen, wenn er über England sprach, so durchdringend war seine Erbitterung.» Bülow gelang es gerade noch, die Veröffentlichung dieses Interviews zu verhindern. Wäre der Text im November 1908, also zur gleichen Zeit wie das fatale Kaiser-Interview im *Daily Telegraph*, bekannt geworden, wäre Wilhelm II. mit Sicherheit zur Abdankung gezwungen worden, so haarsträubend waren seine bezeugten Auslassungen dem Amerikaner gegenüber.

Hinter der elementaren Wut Wilhelms auf England verbarg sich der unvereinbare Gegensatz zwischen zwei europäischen Staatenordnungen, nämlich der des Gleichgewichts auf der einen und der der Hegemonie auf der anderen Seite. Seit Hunderten von Jahren diente die Aufrechterhaltung des Gleichgewichts der Kräfte – der Balance of power – auf dem Kontinent als Leitprinzip der britischen Europapolitik. Ob gegen das Spanien Philipps II. oder das Frankreich des Sonnenkönigs und Napoleons, England suchte seine Interessen und letzten Endes seine nationale Existenz dadurch zu sichern, daß es sein Gewicht stets zugunsten der schwächeren Mächtekombination auf dem Festland in die Waagschale warf, um dort die Vorherrschaft einer einzigen Großmacht zu verhindern. Um die Jahrhundertwende identifizierten sowohl die Londoner Regierung als auch die einflußreiche öffentliche Meinung auf der Insel das überaus erfolgreiche Deutsche Reich mit seinem aufregenden, ambitiösen und doch so unberechenbaren Kaiser als die größte Gefahr für die Aufrechterhaltung des Gleichgewichts. Es war also alles andere als ein Zufall, daß Großbritannien, als es nach dem Burenkrieg beschloß, seine Splendid isolation aufzugeben, sich nicht (wie Wilhelm zunächst gehofft hatte) mit Deutschland verbündete, sondern Anlehnung an die von Deutschland bedrohte französische Republik suchte, die wiederum seit 1894 mit dem absolutistischen russischen Zarenreich verbündet war. Weder die Unterschiede in den Verfassungssystemen noch deren Rivalitäten in Übersee wogen so schwer, daß sie das Zusammenrükken der drei sich in Europa bedroht fühlenden Weltreiche verhinderten. Die Staatsräson, die Großbritannien an die Seite Frankreichs und Rußlands gegen das immer stärker werdende Deutsche Reich zwang, brachte König Edward VII. 1909 auf den Punkt, als er sagte, stehe das Inselreich in einem Kontinentalkrieg abseits, hätte Deutschland die Möglichkeit, «seine Feinde einen um den anderen zu vernichten, […] bis es zuletzt vermutlich uns selbst angreift». Aus der Sicht Wilhelms II. aber kam der Abschluß der Triple Entente in den Jahren 1904 bis 1907 einer «Einkreisung» seines Reiches gleich, die seine Hoffnung auf eine deutsche Suprematie auf dem Kontinent zunichte machte. In erster Linie hielt er seinen Onkel Edward für die Vereitelung seiner Ambitionen verantwortlich. «Er ist ein Satan; man glaubt es gar nicht, was für ein Satan er ist», rief er in seiner Frustration aus. Die seit 1905 nicht mehr zu übersehende internationale Isolierung des Deutschen Reichs erzeugte sowohl in Wilhelm II. als auch in der deutschen Öffentlichkeit eine panische Nervosität, die in geradezu klassischer Weise in der Form von Skandalen zum Ausdruck kam.

IV. Der skandalumwitterte Souverän (1906–1909)

Die Eulenburg-Affäre (1906–1909)

Philipp Eulenburg, der «schwarze Reiter, der zur Seite des Kaiserlichen Wanderers war, als dieser auf den Irrweg einlenkte», wie ihn Holstein einst nannte, hatte den jungen Monarchen in den Kanzlerkrisen der 1890er Jahre beraten und schließlich mit der Ernennung Bülows zum Staatssekretär beziehungsweise Reichskanzler die Persönliche Monarchie Wilhelms II. durchsetzen und vorübergehend stabilisieren können. Durch seine riskant ausgelebte Homosexualität war «Phili» aber selber äußerst gefährdet. Zwar hatte er es als Diplomat vermeiden können, in Länder entsandt zu werden, in denen gewisse gleichgeschlechtliche Handlungen noch strenger geahndet wurden als in Deutschland, aber selbst im in dieser Hinsicht toleranten Bayern, wo er bis 1894 als preußischer Gesandter fungierte, waren seine Ausschweifungen stadtbekannt. Als deutscher Botschafter in Wien wurde er von der Geheimpolizei beschattet, nicht etwa, um ihn zu inkriminieren, sondern um Erpresser von ihm fernzuhalten. Trotzdem wurde er Opfer eines Wiener Bademeisters, der für sein Schweigen 60 000 Mark forderte und auch erhielt. Der Reichskanzler Fürst Hohenlohe empörte sich, als Eulenburg die Unverfrorenheit besaß, diese Summe unter einem Vorwand aus der Staatskasse zurückzuverlangen.

Fatal erwies sich die Entscheidung Wilhelms II., seinem Freund eine Freude zu bereiten, indem er ihm 1897 Graf Kuno Moltke als Militärattaché in Wien zur Seite stellte. Kurz zuvor hatte «Tütü» Moltke, wohl um seine Homosexualität zu verschleiern, den Fehler begangen, die junge Lili von Kruse zu heiraten, die darauf bestand, mit ihm nach Wien zu ziehen, wo sie

Zeugin des geradezu verliebten Verhältnisses zwischen ihrem Ehemann und Eulenburg wurde. Als sie auf Scheidung drängte und mit ihren Beobachtungen an die Öffentlichkeit zu gehen drohte, entkam sie nur mit knapper Not der Zwangseinweisung in eine Irrenanstalt. Ihre Erfahrungen teilte sie dem Gesellschaftsarzt Ernst Schweninger mit, zu dessen Patienten Fürst Bismarck, eine Schwester des Kaisers und auch der Publizist Maximilian Harden zählten. Als dieser im November 1906 in seiner Zeitschrift *Die Zukunft* seine Pressekampagne gegen die «Liebenberger Tafelrunde» eröffnete, war die homosexuelle Orientierung Eulenburgs und Moltkes längst kein Geheimnis mehr.

Bereits 1902 hatte Eulenburg aus Angst vor Enthüllungen seinen Botschafterposten aufgegeben und sich vom Kaiser fernhalten müssen, aber er bewegte sich fortan auf Glatteis. Im April 1906 äußerte sich der inzwischen entlassene Holstein erstaunt darüber, «daß jemand, der so viel Dreck am Stecken hat wie Philipp Eulenburg, bei dem man die Seite des Angriffs beliebig wählen kann», selbst mit Enthüllungen drohe. «Aber solche Naturen haben manchmal Momente hysterischer Überreizung.» Man reibt sich die Augen: Der halbblinde Holstein forderte den besten Freund des Kaisers zum Duell mit einem Beleidigungsschreiben auf, das an Deutlichkeit wenig zu wünschen übrig ließ: «Mein Phili! Dieser Anruf ist kein Zeichen von Hochschätzung, denn ‹Phili› bedeutet heute unter den Zeitgenossen – nichts Gutes.» Durch Vermittlung des württembergischen Gesandten Varnbüler, den Eulenburg zu seinem Sekundanten ernannt hatte, konnte «im Staatsinteresse» eine tödliche Schießerei gerade noch vermieden werden.

Als die Andeutungen in der *Zukunft* immer unmißverständlicher ausfielen und sich der junge Kronprinz Wilhelm schließlich am 2. Mai 1907 veranlaßt sah, seinem «fassungslosen» Vater, dem Kaiser, die Artikel vorzulegen, schrieb Harden an Holstein, seine Kontakte in der Schwulenszene behaupteten, «S. M. wisse von dieser Sache gar nichts, behandele sie wie ein Verbrechen und habe nie etwas von der großen ärztlichen Literatur darüber gehört». Kann das wirklich wahr sein? Soweit bekannt, hat Wilhelm II. nie homosexuelle Handlungen begangen, aber er hatte mit Eulenburg auf der Jagd das Zimmer geteilt, mit ihm und dem Hauptbelastungszeugen Jakob Ernst zusammen auf dem Starnberger See gerudert, Eulenburgs Bild in seiner Kajüte aufgestellt. Ist es glaubwürdig, daß der Kaiser, der im Liebenberger Freundeskreis «das Liebchen» genannt wurde, überhaupt erst in diesem Augenblick von der gleichgeschlechtlichen Orientierung seiner engsten Freunde erfahren hat? Eulenburg brüstete sich vor Gericht, er habe «vor Seiner Majestät weder privat noch sonst irgendwelche Geheimnisse» gehabt, und diese Vertrauensseligkeit beruhte durchaus auf Gegenseitigkeit. In einem «peinlichen Herzenserguß» weinte sich der Kaiser bei Eulenburg über die Kaiserin mit den Worten aus: «Was soll ich tun? Diese Krisen und Szenen machen Mich tot. Ich kann es nicht aushalten.» Kamen in solchen Momenten die Herzensangelegenheiten der Liebenberger Freunde nicht auch zur Sprache? Als Varnbüler 1898 durch Eulenburg von der Ehekatastrophe des gemeinsamen Freundes Kuno Moltke erfuhr, beeilte er sich, diesem zu versichern, daß auch Wilhelm II. volles Verständnis für seine Probleme haben würde. «Und auch der Eine, mein Dachs – ich täusche mich wohl nicht, daß es eine Verschärfung Deines Schmerzes ist, ihm, dem Liebchen, all' dieses Häßliche nicht verbergen, fernhalten zu können. Aber quäl' Dich darum nicht unnötig – er ist Mannes genug, mißgünstigem Klatsch Schweigen zu gebieten – und kennt und liebt Dich in Deiner Eigenart, um auch nur den Schatten einer Schuld auf Dich fallen zu lassen.»

Der homoerotische Charakter dieses Männerbundes ist unübersehbar, die Zuneigung Wilhelms II. zu den Liebenbergern, so möchten wir meinen, war aber nicht primär eine sexuelle. In diesem vielseitigen Kreis um Eulenburg fand er künstlerisches Talent, ungehemmte Heiterkeit und kindische Gauklerei, spiritistischen Hokuspokus und scheinbar selbstlosen Rat in den endlosen politischen Krisen, die ihn oft überforderten. Vor allem aber fand Wilhelm in der Freundschaft des sanften Eulenburg jene bedingungslose Liebe und Bewunderung, die ihm in der Kindheit vorenthalten worden war. Genau diese «byzantinische» Anhimmelung des Monarchen prangerte Harden an.

Auch wenn sein Ton im Verlauf der Prozeßserie immer homophobischere Züge annahm, Hardens Kampagne gegen die «Liebenberger Tafelrunde» richtete sich nicht gegen die Homosexualität als solche, sondern gegen die Charaktereigenschaften, die er speziell bei dem «verweichlichten» Eulenburg wahrzunehmen meinte: dessen schwärmerisches, verliebtes, gänzlich unkritisches Verhalten dem Kaiser gegenüber, seinen Hang zu Mystizismus, Spiritismus und Gesundbeterei, ferner die Cliquenwirtschaft, die den Kaiser angeblich von der harschen Realität abschirmte, und nicht zuletzt auch seine pazifistische Nachgiebigkeit in der Außenpolitik in Verbindung mit den homosexuellen Seilschaften, die (wie er glaubte) die nationale Sicherheit des Reiches gefährdeten. Es war denn auch die Nachricht, daß Eulenburg den geschwätzigen Kaiser drei Tage lang in engstem Kreis auf Schloß Liebenberg mit dem notorisch schwulen französischen Diplomaten Lecomte zusammengebracht hatte, die im November 1906 das Faß zum Überlaufen brachte und Hardens Feldzug auslöste.

Als Reichskanzler befand sich Bülow durch die Angriffe auf die Liebenberger Tafelrunde in einem brisanten Dilemma, das er mit der ihm eigenen diabolischen Duplizität zu lösen trachtete. Einerseits hatte die Liebenberger Clique, vertrauend auf ihren Einfluß bei Wilhelm, tatsächlich vor, den angeblich verbrauchten Bülow zu stürzen und die Macht an sich zu reißen: Der Chef des Generalstabes, Helmuth von Moltke, war als Reichskanzler vorgesehen mit Varnbüler als Außenstaatssekretär oder Botschafter in St. Petersburg. Andererseits war Bülow durch seine eigene homosexuelle Vergangenheit derart kompromittiert, daß er jeden Augenblick mit in den Strudel der Skandale hineingezogen werden konnte. Sein steiler Aufstieg in der Gunst des Kaisers hatte er Eulenburg zu verdanken, der weiterhin im Besitz seiner zahlreichen Briefe war, die von Liebesbekundungen für ihn und den «heißgeliebten Kaiser» nur so wimmelten. In der Schwulenszene war Bülows homosexuelle Neigung alles andere als unbekannt, zumal er Max Scheefer, seinen Partner in Rom, zu seinem Privatsekretär in der Reichskanzlei ernannt hatte. Als Harden seine Kampagne gegen die Liebenberger eröffnete, unternahm Adolf Brand, ein Vorkämpfer für die Rechte der Homosexuellen, sogar den Versuch, den Kanzler zu «outen», wofür er zu einer Gefängnisstrafe von 18 Monaten verurteilt wurde.

Mit Recht erblickte Bülow in einer stillschweigenden Flucht Eulenburgs ins Ausland die einzige Möglichkeit, einen verheerenden Sittenskandal zu verhindern, der der Monarchie, dem Ansehen des Reiches und nicht zuletzt ihm selber unkalkulierbaren Schaden zufügen würde. Der Kanzler zitierte Varnbüler und verwies «unter den üblichen Freundschaftsbeteuerungen für Phili» auf das erdrückende Belastungsmaterial, das gegen Eulenburg «in geheimen Berichten der politischen und Sittenpolizei von Wien, München, Berlin» in den Safes des Auswärtigen Amts vorlag. Trotz dieser Warnung weigerte sich Eulenburg jedoch, diesen Ausweg zu wählen, und verließ sich aufs Bluffen. Er stritt jedwede «perverse Neigung» oder «Schmutzerei» vehement ab, auch unter Eid, und geriet somit wie schon Kuno Moltke in den Strudel einer desaströsen Serie von Sensationsprozessen, die den Hohenzollernthron erschütterten. Als Eulenburg schließlich 1908 in die Falle tappte, die ihm Harden und sein raffinierter Rechtsbeistand Bernstein in einem fingierten Prozeß in München gestellt hatten, war er, wie Varnbüler bitter feststellte, «verloren rettungslos». Im Urteil Varnbülers blieb Eulenburg jetzt nur noch der Selbstmord.

Im Mai 1907 hat Wilhelm II. impulsiv das Tischtuch zwischen sich und seinen beiden Freunden entzweigeschnitten. Auch wenn er zwischendurch die Hoffnung auf einen Freispruch nicht aufgab und gelegentlich sogar von einer Rehabilitierung sprach, so war er doch erschüttert von den Einzelheiten, die aus seinem intimen Verkehr mit den Liebenbergern an die Öffentlichkeit gelangten und in der Weltpresse breitgetreten wurden. Mitten im ersten Moltke-Harden-Prozeß erlitt er einen Ohnmachtsanfall, veranlaßt, wie er meinte, durch die dadurch erzeugten «schauerlichen seelischen Depressionen».

Der Sturz Eulenburgs und Moltkes, die Wilhelm nie wieder empfangen hat, hinterließ in seinem Leben eine Lücke, die um so empfindlicher wirkte, als auch andere Liebenberger es für geraten hielten, sich von ihm fernzuhalten. Als Ersatz wählte der Kaiser den badisch-böhmischen Grandseigneur Max Egon II. Fürst zu Fürstenberg, der ihn auf seinem Schloß Donaueschingen im Schwarzwald mit den Leuchten des österreichischen Hochadels um Erzherzog Franz Ferdinand zusammenführen sollte. Hier weilte Wilhelm zur Fuchsjagd, als ihm die volle Tragweite der nächsten großen Katastrophe zum Bewußtsein kam.

Bülows Verrat am Kaiser: Die *Daily-Telegraph*-Krise (1908–1909)

Am 28. Oktober 1908 erschien in der Londoner Zeitung *Daily Telegraph* mit ausdrücklicher Genehmigung Kaiser Wilhelms II. ein Interview, das er einem nicht näher benannten englischen «Diplomaten» gegeben hatte. Dieses unstaatsmännische Verhalten, sich mit einem Fremden über deutsche Politik ausgelassen zu haben, löste in Deutschland einen derartigen Entrüstungssturm aus, daß der Kaiser beinahe vom Thron gefegt worden wäre. Wie die überwiegende Mehrheit der Deutschen hielt die Baronin Spitzemberg das Interview für «das Beschämendste, Kläglichste, Indiskreteste und Bedenklichste, was der Kaiser bisher geleistet!» Die Stimmung in ganz Deutschland sei wie die nach einer verlorenen Schlacht. «Es liegt etwas so unmännlich Kindisches gerade in dieser Schwatzhaftigkeit, die man unter gewöhnlichen Sterblichen geradezu verächtlich findet.» Durch das Zeitungsinterview sah sich der Publizist Harden in seinen allerschlimmsten Befürchtungen bestätigt. In einem Brief an Holstein forderte er: «Um uns vor dem Hohn, der Lächerlichkeit reinzuwaschen, müssen wir Krieg führen, bald, oder die traurige Notwendigkeit des allerhöchsten Personenwechsels auf uns nehmen.» In zahlreichen Städten verlangte eine aufgebrachte Menge die Abdankung des Kaisers; in einer beispiellosen Debatte im Reichstag am 10. und 11. November 1908 geißelten die Abgeordneten aller Parteien das Persönliche Regiment Wilhelms II. Auf der Regierungsbank herrschte Ratlosigkeit. «Noch ein solcher Tag, und wir haben die Republik», erklärte der gänzlich «zusammengeklappte» künftige Reichskanzler

Theobald von Bethmann Hollweg nach den Tumulten im Parlament.

Nur allmählich begriff Wilhelm selbst das Ausmaß der Verfassungskrise, die sein Interview ausgelöst hatte. Er befand sich zunächst als Gast des Erzherzogs Franz Ferdinand in Böhmen und dann auf der Fuchsjagd in Donaueschingen. Erst am 11. November 1908 setzten Fürst Fürstenberg, der Chef des Militärkabinetts, Dietrich Graf von Hülsen-Haeseler, und der Chef des Zivilkabinetts, Rudolf von Valentini, dem «völlig starren» Monarchen auseinander, wie tief die Entrüstung saß. «Tränen des Zornes und der Enttäuschung» stiegen ihm in die Augen. «Sagen Sie mir, was geht eigentlich vor? Was bedeutet dies alles?» fragte er verwirrt auf der Fahrt ins Jagdgelände. Er habe doch alles verfassungskonform mit dem Kanzler abgesprochen, ihm den Interviewtext mit dem Ersuchen zugeschickt, den Artikel *persönlich* zu überprüfen, ohne Hinzuschaltung des Auswärtigen Amtes. Er könne nicht begreifen, «wie seine guten Absichten so mißverstanden worden seien, und wie man seine Tätigkeit in der Politik so hart und abfällig beurteilen könne». Wie war es zu dieser schwersten Verfassungskrise der Regierung Wilhelms II. gekommen, und welche Rolle spielte dabei tatsächlich der Reichskanzler Bülow?

Der «Novembersturm» des Jahres 1908 hatte sich schon lange zusammengebraut. Ein Jahr zuvor, am 11. November 1907, dem Tag, an dem in Berlin die neueste deutsche Flottennovelle bekanntgemacht wurde, trat Kaiser Wilhelm einen Staatsbesuch in London an. Schwer angeschlagen durch die Enthüllungen über die Homosexualität seiner engsten Freunde entschied er sich, in Highcliffe Castle an der englischen Südküste einen dreiwöchigen Erholungsurlaub einzulegen. In seinen Reden in London und Windsor und merkwürdigerweise auch schon in einem fingierten Interview in einer englischen Lokalzeitung suchte Wilhelm die Ängste der Engländer vor dem deutschen Flottenbau und etwaigen Eroberungsabsichten auf dem Festland zu zerstreuen. In Highcliffe setzte er seinem Gastgeber, Colonel Edward Stuart Wortley, erstmals jene «Beweise» seiner loyalen Haltung gegenüber England auseinander, die der gutgläubige

Oberst ein Jahr darauf auf Wunsch Wilhelms in der Form eines Interviews im *Daily Telegraph* veröffentlichen ließ: Die deutsche Flotte werde nicht gegen England, sondern für den gemeinsamen Kampf gegen die «Gelbe Gefahr» – Japan und China – im Stillen Ozean gebaut; das deutsche Volk sei zwar mehrheitlich englandfeindlich, doch er, der Kaiser, trete immer schon mit seiner ganzen Macht für die Interessen des Inselreiches ein. Im Burenkrieg habe er seiner Großmutter Queen Victoria sogar den Kriegsplan zugeschickt, mit dem Feldmarschall Roberts den Sieg in Südafrika errungen hätte; und als Rußland und Frankreich seinerzeit mit dem Plan einer Kontinentalliga an ihn herangetreten seien mit dem Ziel, England «bis in den Staub» zu demütigen, habe er dieses Ansinnen nicht nur weit von sich gewiesen, sondern die Perfidie Rußlands und Frankreichs – der nunmehrigen Ententepartner Englands – umgehend nach London gemeldet. Auch nach seiner Rückkehr nach Deutschland wiederholte Wilhelm II. diese «Horrenda», wie Bülow sie später nennen sollte, einflußreichen Engländern gegenüber so eindringlich, daß man den Eindruck gewinnt, als glaubte er seine Freundschaftsbeteuerungen selbst.

Wie schon im Falle seines Briefes an Lord Tweedmouth war es die Absicht Wilhelms II., mit solchen Beteuerungen die Engländer von der Harmlosigkeit des deutschen Flottenbaus zu überzeugen. Am 10. September 1908 rief er den inzwischen zum Brigadegeneral avancierten Edward Stuart Wortley, den er zu den Manövern in Lothringen eingeladen hatte, zu sich und wiederholte die «Beweise» seiner Freundschaft für England, die er ihm im Dezember in Highcliffe dargelegt hatte. Er bat den treuherzigen Engländer, die Hauptpunkte des Gesprächs in einer englischen Zeitung publizieren zu lassen. Beglückt schrieb Wilhelm an den Reichskanzler, Stuart Wortley habe ihm erklärt, seine Landsleute seien «verdreht wie Märzhasen», wenn sie an einen bevorstehenden deutschen Angriff glaubten. Sechs Wochen später sollten diese Bemerkungen wortwörtlich im *Daily Telegraph* stehen.

Am 23. September 1908 sandte Stuart Wortley dem Kaiser das Manuskript seines Artikels zur Genehmigung ein. Das heute noch vorhandene Original umfaßt zehn maschinenschriftliche Seiten. Die Behauptung Bülows, er habe das auf schlechtem Papier unleserlich mit der Hand geschriebene englische Gekritzel nicht lesen können, erweist sich schon damit als schamlose Lüge! Zudem wurden im Auswärtigen Amt weitere Abschriften mit drei vorgeschlagenen Berichtigungen am Korrekturrand angefertigt, so daß dem Reichskanzler zeitweilig nicht weniger als drei Versionen zur Hand waren. Nicht aus Unkenntnis der kaiserlichen Behauptungen und auch nicht – wie seine «kaisertreuen» Feinde ihm später vorwarfen –, um den Kaiser bloßzustellen und seine eigene Macht zu vergrößern, gab Bülow seine Zustimmung zur Veröffentlichung des Textes, sondern weil er mit der Absicht, die Wilhelm mit dem Interview verfolgte, übereinstimmte. Die Eigenmächtigkeiten Wilhelms II. hinzunehmen war bei ihm längst zum System geworden.

Die Beamten des Auswärtigen Amtes, die Bülow, entgegen der Anweisung des Kaisers, mit der Überprüfung des Artikels betraut hatte, waren aber überfordert. Sie gingen davon aus, daß die grundlegende Entscheidung über die politische Opportunität der Veröffentlichung vom Reichskanzler selbst gefällt werden würde. In die Endziele des Tirpitzschen Schlachtflottenbaus waren sie ebensowenig eingeweiht wie die Reichstagsabgeordneten, die die Mittel dafür bewilligten. Was den Burenkrieg betraf, hatte Wilhelm tatsächlich im Dezember 1899 respektive im Februar 1900 Denkschriften unter dem Titel «Gedankensplitter über den Krieg in Transvaal» ungebeten an den englischen Hof geschickt, doch sie wirkten dort verletzend und hatten keinerlei Einfluß auf die Kriegführung in Südafrika. Als besonders heikel erwies sich die Aussage Wilhelms über seine Zurückweisung einer angeblichen russisch-französischen Anregung zur Bildung einer Kontinentalliga gegen England, wußten die Beamten doch genau, daß ein solches Bündnis bereits 1896 bei der Absendung der Krüger-Depesche das Ziel des Kaisers gewesen war und auch weiterhin das Hauptanliegen seiner Kontinentalpolitik darstellte.

Die Empörung richtete sich ganz allgemein gegen Wilhelms II. seit 1890 praktiziertes Persönliches Regiment. Die Gelegenheit zu einer grundlegenden Verfassungsreform, die angesichts der fast revolutionären Stimmung im ganzen Land und der tumultuarischen Debatte im Reichstag gegeben war, strich jedoch ungenutzt vorüber. Zwar konnte Bülow dem Monarchen am 17. November 1908 eine Erklärung abringen, künftig «die Stetigkeit der Politik des Reiches unter Wahrung der verfassungsmäßigen Verantwortlichkeiten» zu gewährleisten, doch die Eingeweihten wußten nur zu gut, daß sich mit diesem Kompromiß wenig geändert hatte. Mit Recht urteilte die Schwester des Kaisers: «S. M. hält sich für unfehlbar, Bül[ow] jonglirt weiter u. ich [...] kann nicht aufhören, ernst u. schwarz in die Zukunft unserer Deutschen politischen dynastischen u. Reg[ierungs]-Verhältnisse zu sehen.» Mit seinem «Verrat an der Krone» hatte Bülow zudem das «Allerhöchste Vertrauen» für immer verspielt. Unter seinem Nachfolger Bethmann Hollweg konnte Wilhelm II. sein Persönliches Regiment vor allem in der Außen- und Rüstungspolitik unvermindert fortsetzen.

Besorgter denn je stellten sich nach dem Tweedmouth-Brief, dem Hale-Interview und der *Daily-Telegraph*-Affäre die Staatsmänner in London und Paris, Washington, St. Petersburg und Tokio die Frage, ob der Kaiser, der das perfekteste Kriegsinstrument auf Erden befehligte, überhaupt noch zurechnungsfähig sei. Ihre Befürchtungen waren nicht unbegründet. Nach dem bizarren Tod des als Tänzerin verkleideten Generals von Hülsen-Haeseler in Donaueschingen und der teilweisen Veröffentlichung seiner eigenen rabiaten Auslassungen an Hale erlitt der Kaiser erneut einen Nervenzusammenbruch.

Wochenlang zog sich Wilhelm schmollend und auf Rache sinnend zurück und entwickelte die wildesten Verschwörungstheorien, um sich das Debakel der *Daily-Telegraph*-Krise zu erklären. Nicht er und seine Herrschaftsweise seien schuld an den Novemberereignissen, sondern Bülow, der greise Geheimrat von Holstein und Maximilian Harden, die sich im Interesse des internationalen Judentums gegen ihn verschworen hätten, um ihn zu entmachten! Zu Weihnachten 1908 klagte er in einem Brief an Fürstenberg: «Ich bin wirklich hart mitgenommen worden! 1907 Kuno Moltke, Hohenau und das ganze Jahr über die Eulenburg-Affaire die bis ins Frühjahr 1908 spielte. 1908 die uns bekannten Ereignisse! Das ist doch ein bißchen reichlich für ein empfindsames Gemüth! [...] Holstein hat mit Harden ein festes Abkommen, die jagen gemeinschaftlich. Holstein hat seinen alten Einfluß über Bülow vollkommen wiederhergestellt und ist der unverantwortliche Leiter unsrer Politik. [...] Dieser saubere Ring ist es der unter Holstein's Leitung indirekt durch Bülow das deutsche Reich – nach Ausschaltung des impulsiven unkonstitutionellen Kaisers – dirigirt.» Wenige Tage darauf heißt es in einem weiteren Kaiserbrief an Fürstenberg: «Die goldene Internationale hat unser Vaterland in ihrer Gewalt und spielt durch die von ihr geleitete Presse Fangball mit unseren heiligsten Gütern! Man wird allmählich zum überzeugten Antisemiten. Wenn das Deutsche Volk je aus seinem Dämmerzustand der von dieser Judenpresse erzeugten Hypnose erwachen sollte und sehend wird, dann kann es was nettes geben.» Ein erschreckender Realitätsverlust beim Fortbestand einer ungebrochenen persönlichen Entscheidungsmacht – für eine besonnene Krisenbewältigung, die für die Erhaltung des Weltfriedens dringender denn je erforderlich gewesen wäre, ließ dies wahrlich nichts Gutes erahnen.

Kanzlerkarussell 1909: Von Bülow zu Bethmann Hollweg

Nach seinem «Verrat an der Krone» waren Bülows Tage als Reichskanzler gezählt. Von Fürstenberg und anderen «Kaisertreuen» darin bestärkt, verstieg sich Wilhelm II. in die Überzeugung, mit dem Interview in der Londoner Zeitung habe ihm Bülow bewußt eine Falle gestellt, um ihn vor aller Welt zu blamieren und die Macht an sich zu reißen. Bitter klagte er, die Affäre habe ihm «monatelang Angriffe der gemeinsten und wüstesten Art eingetragen, die Krone mit meterhohem Schmutz bedeckt, das altpreußische Königthum und den Glanz der Deutschen Kaiserkrone schwer geschädigt, dem Hohenzollernhause maaßlose Schmach und Schande und mir und der Kaiserin namenloses Weh und Leid gebracht». Anfangs ließ er sich dem Kanzler gegenüber wenig anmerken, doch das Vertrauensverhältnis, das seit 1897 die Grundlage ihres Zusammenwirkens gebildet hatte, war restlos zerstört. Als der Reichstag am 24. Juni 1909 die Reichsfinanzreform ablehnte und Bülow um seine Entlassung bat, nahm Wilhelm diese umgehend an, und zwar trotz der offenkundigen Gefahr, damit den Anschein eines halbparlamentarischen Vorgangs zu erwecken. Die Ernennung des neuen Reichskanzlers und preußischen Ministerpräsidenten, die sich in gewohnter Oberflächlichkeit vollzog, zeigt dahingegen mit aller Deutlichkeit, daß die Macht der Krone und der hinter ihr stehenden unverantwortlichen Einflüsse in dieser entscheidenden Hinsicht ungebrochen war.

Seit dem Novembersturm hatte Wilhelm sieben Monate Zeit gehabt, um zu erwägen, wen er in das oberste Amt im Reich berufen sollte. Zeitweilig dachte er an seinen Generaladjutanten Loewenfeld, dann an den bayerischen Gesandten Graf Lerchenfeld, dann wieder an den Botschafter in Paris, Fürst Radolin. Im April 1909, auf der Reise nach Korfu, versprach er dem Grafen Anton Monts, dem Botschafter in Rom, ihn zum Nachfolger Bülows zu ernennen. Dies redete ihm der scheidende Bülow mit dem sonderbaren Argument wieder aus, in den kommenden Jahren würden «die Hauptschwierigkeiten in der inneren Politik» liegen, dafür wäre Bethmann Hollweg, der derzeitige Staatssekretär im Reichsamt des Inneren, geeigneter als ein Diplomat. Doch als Valentini am 3. Juli 1909 auf der *Hohenzollern* in Kiel Bethmann Hollweg in Vorschlag brachte, lehnte ihn der Kaiser mit der bezeichnenden Bemerkung ab: «Ich kenne ihn ganz genau, er ist ein überheblicher Schulmeister u. Dickschädel; ich kann mit ihm nicht arbeiten.» Der Kaiserin war Bethmann, den sie als «zu sehr philosophisch, weltfremd und spintelierend» bezeichnete, ebenfalls unsympathisch. Drei weitere Kandidaten, die Brüder August und Botho zu Eulenburg und der Statthalter in Elsaß-Lothringen, General Graf Wedel, lehnten den Reichskanzlerposten ab, worauf der preußische Finanzminister, Freiherr von Rheinbaben, ins Gespräch kam. Als sich Valentini am 7. Juli 1909 aber mit diesem Vorschlag auf der *Hohenzollern* meldete, war Wilhelm inzwischen auf den General Colmar Freiherrn von der Goltz gekommen –

dessen Ernennung zum Reichskanzler faktisch den Krieg bedeutet hätte! Der Kaiser befahl den Chef des Zivilkabinetts, «sogleich mit dem Orientexpress nach Konstantinopel zu fahren!», um Goltz die Kanzlerschaft anzubieten. Während Valentini das Kursbuch studierte, rief ihn der Kammerdiener nochmals zum Kaiser. «Der hohe Herr hatte sich inzwischen zum Tennisspiel umgekleidet und empfing mich zwischen Tür und Angel: er habe sich die Sache nochmals überlegt; er könne es den Türken nicht antun, ihnen jetzt den General, der dort eine wichtige Mission zu erfüllen habe, fortzunehmen; er sei mit Bethmann einverstanden, und ich solle nun alles Nötige schnell besorgen!» Nun konnte der Kaiser endlich seine Nordlandreise antreten. Am 14. Juli 1909 nahm der in dieser fastnachtsspielartigen Weise «erkorene» Bethmann Hollweg das dornenreiche höchste Staatsamt an. Dem in der Großen Politik vollkommen unerfahrenen fünften Kanzler des Deutschen Reiches sollte das Los beschieden sein, die Welt im Sommer 1914 in die Katastrophe des Großen Krieges zu stürzen.

V. Der streitsüchtige Kriegsherr (1908–1914)

Die Bosnische Annexionskrise (1908–1909)

Das vertrauensselige Freundschaftsverhältnis, das Wilhelm II. nach dem Skandal um Eulenburg und den Liebenberger Kreis zum Fürsten Max Fürstenberg und dem österreichischen Hochadel um Erzherzog Franz Ferdinand suchte, sollte bald schwerwiegende politische Folgen zeitigen. Im Zuge der Jungtürkischen Revolution, die zur Empörung des Kaisers dem Sultan Abdulhamid II. im ganzen Osmanischen Reich eine Verfassung nach britischem Muster aufzwang, erklärte am 5. Oktober 1908 der österreichische Außenminister Aehrenthal die formale Annexion der Provinzen Bosnien und der Herzegowina, die seit 1878 von Wien aus verwaltet worden waren. Diese Entwicklung bedeutete einen herben Rückschlag für die schwindelerregende Ambition des Kaisers, die zunehmende Isolierung des Deutschen Reiches durch die Gewinnung der ganzen mohammedanischen Welt wettzumachen. Noch 1905 hatte er erklärt: «Bei den jetzt so gespannten Verhältnissen, wo wir fast allein, sich bildenden großen, gegen uns gerichteten Coalitionen gegenüberstehen, ist unser *letzter Trumpf* der *Islam* und die *Muhamedanische Welt.*» Durch den Aufstand der jungtürkischen Offiziere, die er zunächst als «Sklaven Englands» einschätzte, sah er seine «20jährige mühsam aufgebaute türkische Politik in die Binsen» gehen. «Damit sind wir endgültig aus dem Orient hinausgeschmissen und können dort abtreten», klagte er im Oktober 1908.

Zu dem waghalsigen Vorhaben, durch die Einverleibung der beiden türkischen Provinzen Bosnien und Herzegowina die Vormachtstellung des Habsburger Reiches auf dem Balkan auf Kosten der russischen Interessen dauerhaft zu sichern, hatten Bülow und der Außenstaatssekretär von Schoen Aehrenthal ihre ausdrückliche Billigung zugesichert. Der Kaiser hingegen wurde von dem Coup, durch den er in einen Loyalitätskonflikt zwischen Wien und Konstantinopel geriet, überrascht und meinte, er sei «persönlich auf das tiefste in meinen Gefühlen als Bundesgenosse verletzt, daß ich nicht im Geringsten vorher von S. M. [Kaiser Franz Joseph] in's Vertrauen gezogen wurde!» In einem Gespräch im Garten des Reichskanzlerpalais gelang es Bülow dann aber am 12. Oktober 1908 doch, den Kaiser umzustimmen. Fortan war Wilhelm Feuer und Flamme für den Vorstoß seines Bundesgenossen und schoß in seinem Eifer wie gewohnt noch über das Ziel hinaus. Als sich die Möglichkeit eines Krieges zwischen Österreich-Ungarn und Serbien abzeichnete, rief er aus: «Wenn es doch erst Losginge!» Dabei war ihm die Gefahr, daß Deutschland durch den Balkankonflikt in einen Krieg gegen Rußland und Frankreich hineingezogen werden könnte, durchaus bewußt.

Dreizehn Jahre zuvor, im November 1895, hatte Wilhelm II. dem österreich-ungarischen Botschafter Graf Szögyény «klipp und klar» zugesichert, daß er, «ohne weiter zu untersuchen, ob laut unseres Allianzvertrags der casus foederis [der Bündnisfall] vorliege – mit der ganzen mir zur Verfügung stehenden Wehrmacht an Österreich-Ungarns Seite stehen werde. [...] Ihr Allergnädigster Herr kann dessen ganz sicher sein, daß, sobald es sich um die Machtstellung der österreich-ungarischen Monarchie überhaupt handelt, [...] meine gesamte Kriegsmacht unbedingt zu Seiner Verfügung stehen wird.» Dieses fatale Versprechen, das die Entscheidung über Krieg und Frieden den Wiener Staatsmännern überließ, wiederholte Kaiser Wilhelm nun «in der entschiedensten Weise», als er Szögyény am 21. Oktober 1908 begegnete. Kaiser Franz Joseph sei ja «preußischer Feldmarschall, und demzufolge habe er nur zu befehlen, die ganze preußische Armee werde seinem Kommando folgen». In atemberaubender Weise nahm Wilhelm mit solcher Nibelungentreue den berüchtigten «Blankoscheck» vorweg, den er am 5. Juli 1914 (ausgerechnet wieder Szögyény) überreichen sollte. Der Vergleich ist um so unheimlicher, als Wilhelm gerade in diesen Tagen im Herbst 1908 mit dem österreichischen Diplomaten Graf Alexander Hoyos zusammentraf, der Anfang Juli 1914 mit dem Handschreiben Franz Josephs nach Berlin reisen sollte, in dem der Habsburger um die deutsche Unterstützung in einem eventuellen Krieg gegen Rußland bat.

Eine Woche nach der an Szögyény gegebenen Zusicherung vom 21. Oktober 1908 brach die *Daily-Telegraph*-Krise aus, doch auch im Zuge des «Novembersturms» fuhr Wilhelm II. fort, seine treue Haltung Österreich-Ungarn gegenüber zu versichern. Nach seinem Aufenthalt in Donaueschingen schrieb Wilhelm seinem Freund Max Fürstenberg: «Ja Oesterreich kann sich auf mich verlassen ich halte zu Euch durch dick und dünn!» Vom militärischen Standpunkt, so meinte er Mitte Dezember 1908, wäre dies ohnehin «für uns jetzt der beste Moment mit den Russen abzurechnen». Deutschland müsse «unbedingt ja Prävenire spielen wie einst Friedr[ich] d[er] Große.» Noch zum Jahresende schrieb Wilhelm dem österreichischen Thronfolger Franz Ferdinand, er halte sein Pulver trocken und sei auf der Wacht. «Daß Ihr auf uns zählen könnt weißt Du, und ob unsere Armee was taugt, kannst Du am Besten beurtheilen.» Solche Zusicherungen des Kaisers waren um so bedenklicher, als auch

Generalstabschef von Moltke seinem österreichischen Kollegen Franz Conrad von Hötzendorf auseinandersetzte, «daß erst der Einmarsch Österreichs in Serbien ein eventuelles aktives Einschreiten Rußlands auslösen könnte. Mit diesem würde der casus foederis für Deutschland gegeben sein», das den Krieg voraussichtlich mit einem Angriff auf Frankreich im Westen würde einleiten müssen.

Wieder in gespenstischer Vorwegnahme dessen, wie sich das Räderwerk der Allianzen in Bewegung setzte, das im Juli 1914 von einem Balkankonflikt zu einem Weltkrieg führen sollte, überlegten sich Wilhelm II. und sein Generalstabschef Moltke im Februar 1909 detailgenau, wie Frankreich bei drohender Kriegsgefahr zu behandeln sei, um Klarheit für die deutsche Armee zu gewinnen. In einer Schlußbemerkung zu einem Bericht Tschirschkys aus Wien ordnete Kaiser Wilhelm am 24. Februar 1909 an: «Es muß Frankreich gegenüber klar gemacht werden, daß im Falle des Einschreitens Russlands gegen Oesterreich, unverzüglich bei uns sofort *casus foederis* eintritt, d[as] h[eißt] Mobilmachung. Frankreich muß zu bündiger, klarer Erklärung veranlaßt werden, daß es in diesem Falle *nicht* überhaupt *gegen uns Krieg macht*. Weder zu Anfang des Krieges noch später. Eine Neutralitätserklärung genügt nicht. Verweigert Frankreich diese Erklärung, so ist das als casus belli von uns aufzufassen und dem Reichstage wie der Welt mitzutheilen, daß Frankreich trotz unserer Aufforderung den einzig möglichen Weg zur Erhaltung des Europ[äischen] Friedens gemeinsam mit uns zu beschreiten, abgelehnt hat, daher den *Krieg gewollt* hat. Diese Klärung, in dieser Form, ist nöthig, damit wir unsere Mobilmachung zunächst gegen Frankreich ausnutzen und es abthun. Auf keinen Fall kann sich die Armee auf eine Situation einlassen, bei der sie mit Rußland zur Hälfte engagirt, zur Hälfte als Deckung gegen ein unsicheres Frankreich steht. Wir müssen alles gegen Westen oder alles gegen Osten einsetzen.»

1909 wurde ein großer Krieg nur durch das Einlenken des von der Niederlage gegen Japan und der Revolution noch erschütterten Zarenreiches vermieden. An der Kriegsbereitschaft Wilhelms II. während der ganzen Bosnischen Annexionskrise ist aber nicht zu zweifeln. Im Gegenteil, bis zuletzt setzte sich der Kaiser mit Zurufen wie «Nun vorwärts und Einrücken» oder «Na dann rücke er doch ein!» begeistert für einen österreichischen Angriff auf Serbien ein. Nach dem Zurückweichen Rußlands zog Wilhelm den fatalen Schluß, daß der Erfolg ein Beweis für die Richtigkeit des festen Zusammengehens Deutschlands mit Österreich-Ungarn, ja sogar «eine wundervolle Probe auf den Ernstfall» sei. Nicht zuletzt gewann Wilhelm aus der Demütigung Rußlands in dieser Krise die schicksalsschwangere Überzeugung, daß Großbritannien in einem europäischen Krieg, der aus einem Balkankonflikt hervorging, nicht würde eingreifen wollen oder können.

So unübersehbar die Ähnlichkeiten der beiden Krisen auch waren, es wäre verfehlt, trotz dem Vorbildcharakter, den Wilhelm dem deutsch-österreichischen Schulterschluß von 1908/09 andichtete, einen direkten kausalen Zusammenhang zwischen der Bosnischen Annexionskrise und der Julikrise 1914 zu konstruieren. Die deutsche Bereitschaft, an der Seite seines Bündnispartners gegen Rußland und Frankreich in den Krieg zu ziehen, war zweifellos gegeben, aber der Wille, einen solchen Krieg herbeizuführen, fehlte 1908/09 in Berlin noch. Dieser entwikkelte sich erst nach weiteren schweren Zusammenstößen mit den beiden Westmächten unter Bülows Nachfolger Bethmann Hollweg und dem neuen Staatssekretär des Auswärtigen Amtes, Alfred von Kiderlen-Wächter.

Der «Panthersprung» nach Agadir (1911)

Mit dem Tod seines Onkels König Edward VII. am 6. Mai 1910 schöpfte Wilhelm II. wieder Hoffnung auf eine Annäherung zwischen Deutschland und Großbritannien, durch die das Deutsche Reich endlich zu der ihr von der «Vorsehung» zugedachten Weltstellung würde gelangen können. Dem US-Botschafter setzte er seine vom Rassismus geprägte Zukunftsvision auseinander: Die Engländer, behauptete er, seien schon auf dem absteigenden Ast, sein Reich auf dem Vormarsch. «Wir wollen weder ihre Kolonien noch die Herrschaft über die See, wir wollen nur, daß unsere Rechte anerkannt werden. Deutschland ist fast so reich wie England. [...] Was wir wollen, ist eine gleiche Chance. Sie haben versucht, uns als Bedrohung Europas hinzustellen, aber wir haben niemanden bedroht. Sie haben versucht, Europa gegen uns aufzustellen, aber ihre Entente lockert sich. So wie die Lateiner haben sie ihre Glanzzeit überschritten. Ich glaube nicht, daß die Slawen die Führer der Zukunft sind. Die Vorsehung hat Pläne, und es wäre kein Kompliment für die Vorsehung zu denken, daß die Vorsehung die Slawen und nicht die germanische Rasse als Rasse der Zukunft betrachtet. Nein, es ist die germanische Rasse, – wir hier in Deutschland, die Engländer, die Amerikaner, – die die Zivilisation der Welt führen müssen.» Dem amerikanischen Ex-Präsidenten Theodore Roosevelt gegenüber, der zu Besuch in Deutschland war, schwärmte er von einem «Zusammengehen der Germanisch-Angelsächsischen Länder». «Die vereinigte germanische & angelsächsische Rasse wird die Welt in Ordnung halten!» schrieb er ihm begeistert.

Die hochgestochenen Aspirationen Wilhelms II. stießen nicht nur bei den Amerikanern auf Skepsis, sie scheiterten vor allem an der Weigerung der Engländer, ihre Ententen mit Frankreich und Rußland aufzukündigen, um Deutschland eine hegemoniale Stellung auf dem Festland einzuräumen. Während der Trauerfeierlichkeiten für seinen Onkel Edward im Mai 1910 und dann wieder bei der Einweihung des Denkmals für seine Großmutter Queen Victoria ein Jahr darauf ließ der Kaiser den Zauber seiner Persönlichkeit in dem Glauben spielen, vor allem seinen Vetter George V. für ein Abkommen mit Deutschland gewinnen zu können. Tatsächlich leistete sich Wilhelm bei diesem Besuch – es sollte sein letzter sein – eine der verheerendsten Tiraden seiner Regierungszeit, deren verhängnisvolle Wirkung auf die britische Politik nicht ausblieb. Dem Prinzen Louis von Battenberg sagte er am 20. Mai 1911 an Bord der *Hohenzollern*, er wünsche ernsthaft die freundschaftlichsten Beziehungen zu England herzustellen, aber «Ihr dürft nicht jedes Gespräch mit dem Vorbehalt einleiten, daß Ihr nicht zu einer Verständigung über diesen oder jenen Gegenstand kommen könnt, falls er die Interessen Frankreichs oder Rußlands berühre.» Den Einwand Battenbergs, das gute Verhältnis Großbritanniens zu diesen beiden Ländern sei doch «das natürliche & notwendige Gegengewicht gegen den Dreibund», wies Wilhelm vehement zurück. «Der Kaiser loderte auf & fuhr mit mehr & mehr Wärme, um nicht zu sagen Hitze, fort, diese Anschauung über die balance of power in Europa ins Lächerliche zu ziehen», stellte der Prinz fest. «Ihr in England müßt dazu gebracht werden zu verstehen, daß Deutschland der einzige Gebieter über Frieden oder Krieg auf dem Kontinent ist», habe Wilhelm ausgerufen. «Wenn wir kämpfen wollen, werden wir das tun, mit oder ohne Eure Erlaubnis.»

Seine Aufzeichnung über das Gespräch schickte Battenberg an den jungen König, der sie umgehend an Premierminister Asquith weiterleitete. Dieser wiederum zeigte sie dem Außenminister Sir Edward Grey. Alle waren erschüttert und fragten sich ernsthaft, ob der deutsche Monarch noch bei Sinnen sei. Asquith meinte: «Man ist fast versucht in einigen der Dinge, die er zu Prinz Battenberg äußerte, die Ausgeburten eines gestörten Gehirns zu erkennen; aber (selbst wenn es so ist) sind sie nichtsdestoweniger gefährlich.» Im Foreign Office setzte sich fester denn je die Überzeugung durch, daß Deutschland die Hegemonie in Europa anstrebe. Jedenfalls trugen die Drohungen des Kaisers zum Entschluß der Londoner Regierung bei, sich schützend vor Frankreich zu stellen, als mit der Zweiten Marokkokrise die nächste große Kraftprobe um die Vorherrschaft auf dem Kontinent begann.

Nicht Kaiser Wilhelm, sondern der trinkfreudige und willensstarke Schwabe Alfred von Kiderlen-Wächter hatte den kühnen Plan ersonnen, auf die französische Besetzung der marokkanischen Stadt Fes mit der Entsendung des Kanonenboots *Panther* nach Agadir zu antworten, um für Deutschland unter der Androhung eines Krieges Kompensationen herauszuschlagen. Kiderlens Endziel war nicht die Annexion Südmarokkos, sondern die Errichtung eines riesigen deutschen «Mittelafrikas», das schließlich Deutsch-Südwestafrika, Deutsch-Ostafrika, Belgisch-Kongo, Französisch-Kongo, Kamerun und Togo, Angola und Moçambique umfassen würde. Indem er aber in nationalistischen und schwerindustriellen Kreisen Erwartungen auf marokkanisches Gebiet schürte, um seine Verhandlungsposition gegen Frankreich zu stärken, setzte er auch den Kaiser in gefährlicher Weise unter Druck, denn als die waghalsige Aktion zu scheitern drohte, wurde der Kaiser gerade in solchen Kreisen als «Wilhelm der Friedliche» beschimpft. Dort sprach man von einem neuen «Olmütz» und fragte, was denn aus dem alten Preußentum geworden sei; «Sind wir ein Geschlecht von Weibern geworden?»

Sowenig sich der Kaiser auch für den Erwerb von weiteren Kolonien in Afrika begeisterte, klar ist, daß Wilhelm II. seit Anfang Mai 1911 über Kiderlens Zielsetzung informiert war und dessen provokative Aktion auch mehrmals formell – zuletzt in Kiel am 26. Juni 1911 – gutgeheißen hat. Am 5. Juli trat Wilhelm seine alljährliche Reise entlang der Küste Norwegens an. Trotz der Spannung nahm die Nordlandfahrt anfangs ihren gewohnten sorglosen Lauf. Der Chef des Marinekabinetts notierte in sein Tagebuch: «Beim Turnen morgens große Albernheit. S. M. schnitt [Generaladjutant von] Scholl mit einer Taschenschere die Hosenträger durch.» Weit entfernt, gegen die Aktion Kiderlens Bedenken zu äußern, zeigte sich Wilhelm während der Reise ungeduldig über den schleppenden Gang der Verhandlungen, durch die Frankreich zur Abtretung seiner gesamten Kongo-Kolonie an Deutschland gezwungen werden sollte. Kiderlen müsse die Verhandlungen beschleunigen und vor allem auf die Abtretung von Französisch-Kongo bestehen. Kiderlen wiederum, wohl in Erinnerung an den plötzlichen Rückzug, den der Kaiser in der Ersten Marokkokrise vorgenommen hatte, drohte mit seinem Rücktritt, falls ihm der Monarch im entscheidenden Augenblick das «Allerhöchste Vertrauen» entziehen sollte. «Ich glaube nicht, daß die Franzosen den Fehdehandschuh aufnehmen», schrieb er, «aber sie müssen fühlen, daß wir zum Äußersten entschlossen sind.»

Wie eine «Ohrfeige» empfanden der Kaiser, der Kanzler und die national gesinnte deutsche Öffentlichkeit die Mahnung des britischen Schatzkanzlers David Lloyd George vom 21. Juli 1911, Großbritannien würde seinem Ententepartner zur Seite stehen, falls es zum Krieg zwischen Deutschland und Frankreich kommen sollte. Wieder einmal stand Europa am Rande eines großen Krieges. Bei der Rückkehr der *Hohenzollern* nach Swinemünde hielt Kiderlen dem Kaiser einen «schnoddrigen Vortrag», in dem er einräumte, wie Admiral von Müller notierte: «Krieg mit Frankreich jetzt sehr inopportun, da sicher England auf Seiten Frankreichs u. dann unsere Bundesgenossen mehr oder weniger wertlos. S. M. sehr still. Stimmte aber zu.» Die Baronin Spitzemberg erfuhr jedoch, der Kaiser sei in Swinemünde «keineswegs schlapp, sondern schärfer noch gewesen als seine Minister!» Aufgebracht sprach Wilhelm von der «colossalen französischen Unverschämtheit», die mit der «Würde des Deutschen Reichs u[nd] Volks» nicht vereinbar sei. «Die Franzosen müssen so oder so den Graben springen, oder die Sporen kriegen», erklärte er. Und falls die Engländer an der französischen oder belgischen Küste Truppen landen sollten, hätte Deutschland ja «Unterseeboote!» Auch der Generalstabschef von Moltke klagte verbittert: «Wenn wir aus dieser Affäre wieder mit eingezogenem Schwanz herausschleichen, wenn wir uns nicht zu einer energischen Forderung aufraffen können, die wir bereit sind, mit dem Schwert zu erzwingen, dann verzweifle ich an der Zukunft des Deutschen Reiches.» Der preußische Kriegsminister präzisierte, die Armee sei «vollkommen auf den Fall eines Krieges mit Frankreich vorbereitet», freilich ohne ihn direkt zu wünschen.

Wilhelm II. war nicht Initiator des desaströsen «Panthersprungs» nach Agadir gewesen und hatte auch wenig Freude an den 275 000 Quadratkilometern Sumpfgebiet, die Kiderlen den Franzosen schlußendlich abnötigen konnte. Nicht Kolonialerwerbungen, sondern eine globale Machtverschiebung zugunsten des Deutschen Reiches war das erklärte Ziel des Kaisers. So rückte nach der kriegerischen Konfrontation mit Rußland wegen Bosnien und der waghalsigen Bedrohung Frankreichs wegen Marokko das Britische Weltreich, das sich in der Agadir-Krise wieder einmal als Garant des bestehenden europäischen Staatensystems erwiesen hatte, als Hauptfeind der wilhelminischen Weltmachtpolitik ins Visier.

Schlachtflottenbau trotz erhöhter Kriegsgefahr (1911–1912)

Während Bethmann Hollweg seine Bemühungen um eine Verständigung mit England intensivierte, bestanden der Kaiser und Tirpitz auf einer massiven Beschleunigung des Schlachtflottenbaus selbst auf die Gefahr hin, daß die Briten als Antwort darauf einen Präventivschlag gegen die deutsche Flotte unternehmen würden. Selbst Tirpitz erkannte an, daß seine Flotte in einem Kampf gegen die Royal Navy kaum Chancen haben würde. Der jetzige Zeitpunkt sei «so ungünstig wie möglich», jedes Jahr bringe Vorteile. Er zählte die Maßnahmen auf, die durchgeführt werden müßten, um zu einer günstigeren Ausgangslage zu kommen: «Helgoland, Kanal, Dreadnoughts, U-Boote usw.» Innerhalb der Admiralität plädierten einflußreiche Stimmen für einen Aufschub der Auseinandersetzung mit dem ozeanischen Weltreich, bis wenigstens der Kaiser-Wilhelm-Kanal für Großkampfschiffe der *Dreadnought*-Klasse passierbar sei, d. h. bis 1914. Doch Wilhelm II. bestand mit Macht auf dem Bau von drei Schlachtschiffen und drei Großen Kreuzern pro Jahr, koste es, was es wolle. Bei der geforderten Flottenvermehrung handele es sich «nicht nur um eine Lebensfrage für die weitere Entwickelung der Marine, sondern um eine Lebensfrage für die zukünftige äußere Politik des Reiches». Wunschziel der äußerst riskanten Flottenpolitik war nicht etwa, einen Krieg mit England herbeizuführen, sondern im Gegenteil den Durchbruch zur Weltmacht ohne Krieg zu forcieren. Ein erzwungenes Bündnis mit England, das die deutsche Vorherrschaft in Europa sowie in Übersee dauerhaft gewährleistete, wäre geradezu der «Schlußstein unserer Flottenpolitik».

Bethmann, Kiderlen und Wermuth, der Staatssekretär des Reichsschatzamts, wehrten sich hartnäckig gegen die als halsbrecherisch empfundene Politik des Kaisers und fanden Verbündete sowohl innerhalb der Marine als auch in der Armee. Eine Entscheidung zwischen Tirpitz und Bethmann wurde für den Kaiser unumgänglich, doch er zögerte, unwillig, den Rücktritt des einen oder des anderen zu riskieren. Mitte Oktober 1911 klagte er über den Reichskanzler, wie Müller notierte: «Er steckt voller Bedenken u. ist ganz von der Angst vor England beherrscht. Aber ich lasse mir nicht durch England diktieren, was ich tun und lassen soll. Ich habe dem R. K. gesagt, er solle daran denken, daß ich ein Enkel des Gr. Kurfürsten u. Friedr. d. Gr. sei, die nicht lange gezögert haben zu handeln, wenn es ihnen an der Zeit schien. Ich habe dem Reichskanzler auch gesagt, er müsse doch auch die göttliche Vorsehung mit in Rechnung stellen, die werde schon dafür sorgen, daß ein Volk, das so viel auf dem Kerbholz hat, wie die Engländer, auch einmal klein würde.» Die Krise zog sich über den ganzen Winter hin. Noch im Januar 1912 klagte Wilhelm «in schärfsten Ausdrücken über Schlappheit u. Angstmeierei» Bethmanns und der Wilhelmstraße. Als sich auch ein Botschafter gegen den forcierten Dreadnoughtbau aussprach, entgegnete der Kaiser: «Ich will Ihnen was sagen, Ihr Diplomaten habt die Hosen voll, die ganze Wilhelmstraße stinkt nach ...» Dem Kanzler gelang es schließlich, die vom Kaiser und Tirpitz geforderte Flottennovelle auf die Hälfte zu reduzieren, doch selbst in dieser Form wirkte die Beschleunigung des Schlachtflottenbaus auf London als Provokation. Der neuernannte Erste Lord der Admiralität, Winston Churchill, verdoppelte den Etat für die Royal Navy und verlegte die im Mittelmeer stationierten Schiffe in die Nordsee. Der britische Generalstabschef traf sich fortan regelmäßig mit seinem französischen Kollegen, um Einzelheiten über die Landung britischer Truppen an der französisch-belgischen Grenze abzusprechen. Ende 1911 sagte der britische Admiral Fisher voraus, daß der große Entscheidungskampf «im September 1914» beginnen würde, nicht zuletzt, weil dann der Kaiser-Wilhelm-Kanal für Großkampfschiffe passierbar sein würde. Beide Länder mit ihren Verbündeten torkelten jetzt schon am Rande eines Weltkrieges.

Die mißlungene Haldane-Mission (1912)

Worum es in dem deutsch-britischen Antagonismus letztendlich ging, wurde im Verlauf der Verhandlungen deutlich, die der britische Kriegsminister Lord Haldane im Februar 1912 in Berlin mit dem Reichskanzler, Tirpitz und Kaiser Wilhelm führte. Die Initiative zu dem Treffen hatten in Deutschland der Hapag-Direktor Albert Ballin und in England der deutschbritische Finanzier Sir Ernest Cassel ergriffen. Als die Engländer ihre Gesprächsbereitschaft signalisierten, sah sich Wilhelm II. bestätigt in seiner Überzeugung, daß London nur aus Angst vor seinem Flottenbau eingelenkt hätte. Seine schönsten Hoffnungen schienen in Erfüllung zu gehen. Am 10. Januar 1912 setzte ihm Bethmann Hollweg auseinander, daß eine Verständigung mit Großbritannien dem Deutschen Reich «ein großes Kolonialreich» mit den portugiesischen und niederländischen Kolonien sowie dem belgischen Kongo bringen würde. Nicht nur das, ein deutsch-englisches Abkommen würde «einen Keil in die Tripleentente einschlagen» und somit die deutsche Vorherrschaft auf dem Festland sichern. Der Kaiser jubelte und sah sich, wie Müller am 7. Februar notierte, «schon als Leiter der Politik der Vereinigten Staaten von Europa u. ein deutsches Kolonialreich quer durch Central Afrika». An Walther Rathenau schrieb Wilhelm, sein Plan sei die Schaffung der «Vereinigten Staaten von Europa gegen Amerika. [...] Fünf Staaten (inkl. Frankreich) könnten dann etwas ausrichten.» Tirpitz dagegen witterte hinter der überraschenden Annäherung Albions nichts als den perfiden Versuch, seine Schlachtflottenpläne zu torpedieren, durch die allein England gezwungen werden könne, die deutsche «Gleichberechtigung» in der ganzen Welt auf Dauer anzuerkennen. Wieder einmal befand sich der Kaiser in der höchst unbequemen Lage, zwischen Bethmann und dem Großadmiral zu vermitteln.

Fieberhaft verfaßte Wilhelm eigenhändig das Dokument, das als Grundlage für die Verhandlungen dienen sollte. Voller Mißtrauen gegen Bethmann und die Wilhelmstraße wies er darauf hin, daß, während die britische Regierung ein Gremium sei, die Regierung «hier von *1 Mann* – dem Kaiser – geführt werde, also der Kanzler in seinem Namen spräche» und dieser daher vorerst nichts Verbindliches abmachen könne. Er ließ es sich auch nicht nehmen, bei den entscheidenden Verhandlungen zwischen Haldane und Tirpitz die führende Rolle zu spielen. Im Kern sollten die Engländer als Gegenleistung für eine Verlangsamung im Tempo des deutschen Schlachtflottenbaus ein auf 20 Jahre gedachtes politisches «Agreement» mit dem Kaiserreich eingehen, das England vertraglich zur Neutralität in jedwedem europäischen Krieg sowie zur Beihilfe bei dem Erwerb von Kolonien in Übersee verpflichten würde. Ein solches, auf der Grundlage einer Erpressung erzwungenes Abkommen war aber für Großbritannien völlig unannehmbar. Es hätte dem Kaiserreich freie Hand gelassen, Frankreich nach Belieben zu überfallen beziehungsweise dieses Land, nunmehr ohne den Schutz der Royal Navy, in einen Kontinentalbund mit den Mittelmächten und Rußland zu zwingen. Das Britische Empire wäre dann nicht nur in der Nordsee und im Atlantik, sondern auch im Mittelmeer, in Persien und Indien sowie im Fernen Osten bedroht.

Als die Weigerung Englands bekannt wurde, auf die deutsche Forderung nach der bedingungslosen Neutralität in einem Kontinentalkrieg einzugehen, kannte die Bitterkeit Wilhelms II. keine Grenzen. «Meine und des Deutschen Volkes Geduld ist zu Ende», verkündete er. Mehr denn je hielt er sich seinem Kanzler und den Ministern überlegen, die den Engländern «aufgesessen» wären. «Ich hoffe, daß sich meine Diplomatie hieraus die Lehre ziehen wird, in Zukunft mehr auf ihren Herrn und seine Befehle und Wünsche zu horchen als bisher, besonders wenn es gilt, mit England Etwas zu Wege zu bringen, das sie noch nicht zu behandeln versteht; während ich es gut kenne.» Der Chef des Marinekabinetts erschrak über die «unglaublichen Grobheiten», die sich der Kaiser in seinen Depeschen an den Kanzler und den Londoner Botschafter erlaubte, und nahm an, er wolle sie beide zum Rücktritt provozieren. Tatsächlich hat Bethmann Hollweg aus Protest gegen den kriegerischen Kurs, den der Kaiser unter Ausschaltung seiner verantwortlichen Ratgeber befolgte, am 6. März 1912 sein Abschiedsgesuch eingereicht. Bethmann blieb in seinem schweren Amt und arbeitete mit der Armeeführung gemeinsam an einer Umorientierung der strategischen Planung, die, statt wie bisher den Krieg gegen die beiden Westmächte, den Krieg gegen die Landmächte Frankreich und Rußland zur Grundlage hatte. Enorme Summen sollten vom Reichstag für eine Vergrößerung der Armee auf Kosten des Tirpitzschen Schlachtflottenbaus gefordert werden. Welche

Rolle Großbritannien in einem Konflikt zwischen den Mittelmächten und dem russisch-französischen Zweibund einnehmen würde, stand freilich weiterhin in den Sternen.

Die Balkanwirren und ein erster Entschluß zum Krieg (November 1912)

Eine Verlagerung des europäischen Krisenherdes von West nach Ost entstand ohnehin durch den rapiden Verfall des Osmanischen Reiches. Die Jungtürkische Revolution, die Bosnische Annexionskrise, die Absetzung des Sultans Abdulhamid II. 1909 sowie der Übergriff der Italiener auf Tripoli 1911 hatten auch unter den kleineren Staaten auf dem Balkan Hoffnungen auf Gebietserweiterung geweckt, die Ende September 1912 mit dem Angriff Montenegros, Serbiens, Bulgariens und Griechenlands auf die Türkei zum Ausbruch des Ersten Balkankrieges führte. Wilhelm II. bejubelte den Vormarsch der Balkanländer und bespottete in charakteristischer Weise die Diplomaten, die den Frieden wiederherzustellen suchten, als «Eunuchen». «Zivilisten», bramarbasierte er, könnten die Lage nicht beurteilen, «das ist Sache der Militärs». Am 4. Oktober 1912 rief er aus: «Die Orientfrage muss mit Blut und Eisen gelöst werden! Aber in einer für uns günstigen Periode! Das ist jetzt.»

Der Kaiser träumte davon, daß sich die christlichen Balkanstaaten zu einem «4Bund» zusammenschließen würden, um dann «als 7te Großmacht» in das «Europ[äische] Conzert» aufgenommen zu werden, und zwar «angelehnt an Oesterreich und den Dreibund!» Österreich müsse «die Bildung der ‹Vereinigten Staaten des Balkans› [...] flott unterstützen», forderte er. «Denn als solche werden sich die Balkanstaaten bald in Gegensatz zu Russland stellen, und dadurch ganz von selbst auf Oesterreich angewiesen sein und damit auf den Dreibund, für den sie eine sehr erwünschte Verstärkung bilden werden, und eine Offensivflanke gegen Russland.» Als ihn am 1. Dezember 1912 während der Fuchsjagd in Donaueschingen die Nachricht von einem Bündnisangebot Bulgariens an die Türkei erreichte, sah sich Wilhelm schon als Herr eines gewaltigen Weltreiches. An diesem Tag richtete er ein wahrhaft schwindelerregendes Telegramm an das Auswärtige Amt: «Österreich muß mit Turko-Bulgarien ein Militärbündnis machen und wir mithelfen, die beiden zu stärken und zu regenerieren. Griechenland und sogar Serbien werden durch dieses Mächtegewicht rettungslos an Österreich herangetrieben. So wird Österreich die Vormacht im Balkan und östlichen Mittelmeer, mit Italien gemeinsam sowie der regenerierten beziehungsweise neu zu bauenden turko-bulgarischen Flotte ein mächtiges Gegengewicht gegen England, dessen Weg nach Alexandrien bedroht werden könne. Rußland ist dann im Balkan erledigt und Odessa bedroht. Dann sind die Dreibundmächte die Präponderanten im Mittelmeer, haben die Hand auf dem Kalifen, damit auf die ganze mohammedanische Welt! (Indien).»

Des Kaisers Erwartungen wurden von den Österreichern nicht geteilt, die mit wachsender Sorge auf die Vergrößerung Serbiens blickten, und auch nicht von seinem eigenen Generalstab und der Wilhelmstraße, die in dem Spannungsverhältnis zwischen Österreich-Ungarn und Serbien eine Gelegenheit erblickten, mit Rußland und seinem Bündnispartner Frankreich abzurechnen, noch ehe der Vielvölkerstaat an der Donau handlungsunfähig wurde. Noch am 9. November 1912 stemmte sich der Kaiser während der Jagd in Letzlingen gegen das Drängen seiner Militärs und der zivilen Ratgeber, den Österreichern die deutsche Unterstützung zuzusichern, falls ihr geplanter Angriff auf Serbien – wie in der Bosnischen Krise 1908/09 – den Konflikt mit Rußland (und eventuell auch Frankreich) heraufbeschwören sollte. An Kiderlen-Wächter depeschierte er, er habe dem Reichskanzler in Letzlingen «bestimmt» erklärt, daß er «unter *keinen Umständen* gegen *Paris und Moscau marschieren* werde», um den serbischen Vormarsch bis zur Adria aufzuhalten. Doch noch im Verlauf dieses Tages vollzog der Kaiser eine vollständige Kehrtwende. In der Überzeugung, daß die öffentliche Meinung in Europa den Angriff Österreich-Ungarns auf Serbien als gerecht empfinden würde, billigte Wilhelm nunmehr die kriegsbereite Haltung, die ihm von Moltke, Bethmann und Kiderlen nahegelegt wurde. Am 19. November konnte der Außenstaatssekretär den Österreichern durch Wilhelms Freund Fürstenberg die Zusicherung übermitteln, daß bei Komplikationen das Deutsche Reich «keinen Moment vor Erfüllung unserer Bündnispflichten zurückweichen» werde. Zwei Tage darauf versicherte Wilhelm dem österreichischen Militärattaché von Bienerth, «daß Österreich-Ungarn auf den Beistand des Deutschen Reiches unbedingt rechnen könne.» Er gebrauchte dabei die Wendung «Deutschlands Schwert sitze schon locker in der Scheide, auf Uns können Sie zählen». Es sei dies auch für Deutschland «ein Augenblick tiefsten Ernstes», schrieb der Monarch auf einen Bericht aus Wien. Klar erkannte er: «Es kann der Europ[äische] Krieg werden und für uns event[uel]l ein Existenzkampf mit 3 Großmächten.»

Am 22. November 1912 traf Feldmarschalleutnant Blasius Schemua, vorübergehend Conrad von Hötzendorfs Nachfolger als Chef des österreichischen Generalstabes, zu geheimen Gesprächen mit dem Kaiser und Moltke in Berlin ein. Wieder versprachen der Oberste Kriegsherr und der deutsche Generalstabschef, daß die Österreicher «absolut auf Deutschlands Unterstützung rechnen dürfen, wenn Russland uns bedroht und dass es ja auch für Deutschland ein eminentes Interesse sei, dass wir nicht geschwächt werden». Die russische Armee sei noch lange nicht kampfbereit, die Franzosen friedfertig und die Italiener willig, ihre im Dreibund übernommenen Pflichten treu zu erfüllen. Moltke setzte dem Gast aus Wien auseinander: «Der Ernst der Situation sei ihm klar. Die Mobilisierung Deutschlands hat automatisch jene Frankreichs zur Folge und ein Nebeneinander mobilisierter Armeen sei eine unhaltbare Situation, die unbedingt den Zusammenstoß zur Folge haben müsse. Dann aber sei naturgemäß die erste Absicht, den Gegner im Westen zuerst niederzuwerfen – was er in 4 bis 5 Wochen hoffe – und dann den Überschuss an Kraft nach Osten einzusetzen.» Im Anschluß an das schicksalsschwangere Treffen mit dem österreichischen General reiste Wilhelm II. zur Jagd mit Erzherzog Franz Ferdinand nach Springe, an der auch Moltke, Tirpitz und Bethmann Hollweg teilnahmen. Am 2. Dezember 1912 hielt letzterer im Reichstag eine Rede, die ihm Moltke in die Feder diktiert hatte und in der er Deutschlands Unterstützung für Österreich-Ungarn in einem Konflikt mit Serbien feierlich ankündigte. Ein europäischer Krieg schien unmittelbar bevorzustehen. Aber wie würde sich England verhalten?

Der Krieg wird vertagt: der «Kriegsrat» vom 8. Dezember 1912

Am 21. November 1912 hatte der Kaiser angeordnet, «daß *sofort* die Botschafter in *Paris* und *London*, Befehl erhalten, *einwandfrei und klar* zu constatiren und mir zu melden, ob *Paris* unter solchen Umständen unbedingt sogleich mit Russland geht, und auf welche Seite England sich stellt.» Gleichzeitig bat Wilhelm seinen Bruder Prinz Heinrich, während seines Besuchs in England herauszufinden, welche Haltung das Inselreich in einem aus den Balkanwirren hervorgehenden Kontinentalkrieg einnehmen würde. Am 4. Dezember 1912 fragte Heinrich seinen Schwager, den Ersten Seelord Prinz Louis von Battenberg, in London rundheraus, ob England in einem solchen Fall neutral bleiben würde. Aufgeschreckt schrieb Battenberg umgehend an seinen Vetter König George V., offenbar begriffen Heinrich und Wilhelm nicht, «daß wir, falls ein Krieg zwischen Deutschland & Österreich gegen Rußland & Frankreich ausbricht, nicht zulassen könnten, daß eines der letzteren Länder, insbesondere Frankreich, niedergeworfen wird – folglich *könnten* wir unter gewissen Umständen *nicht* außen vor bleiben». Fast wörtlich gab der König dem Preußenprinzen dieselbe Antwort, als ihm Heinrich am 6. Dezember 1912 in Sandringham die gleiche Gretchenfrage stellte. Dem Außenminister Grey teilte er mit, Heinrich habe ihn gefragt, «ob, falls Deutschland und Österreich Krieg gegen Rußland und Frankreich führten, England den beiden letzteren Mächten zur Hilfe kommen würde. Ich antwortete, ‹zweifellos, Ja – unter gewissen Umständen›. [...] Natürlich muß Deutschland wissen, daß wir nicht zulassen werden, daß unsere Freunde niedergeworfen werden.» In wohlmeinender, aber doch geradezu unverantwortlicher Weise hat Heinrich diese klare Aussage des Königs verfälscht an den Kaiser weitergeleitet: England sei friedliebend und wünsche jeden Konflikt mit Deutschland zu vermeiden.

Möglicherweise hätte Wilhelm im Winter 1912 mit seiner Kriegspolitik fortgefahren, wenn ihm nicht der neuernannte Botschafter Fürst Lichnowsky in einem Bericht vom 3. Dezember reinen Wein eingeschenkt hätte. Anders als Prinz Heinrich stellte Lichnowsky nämlich klar, Lord Haldane habe ihm – wohl als Antwort auf Bethmanns Reichstagsrede – unzweideutig zu verstehen gegeben, daß «bei einem allgemeinen europäischen Wirrwarr, der sich doch aus dem Einmarsch Österreichs in Serbien ergeben könnte», es «kaum wahrscheinlich» sei, «daß Großbritannien der stille Zuschauer werde bleiben können». Das Prinzip der balance of power bilde für die Londoner Außenpolitik «ein Axiom», das zur Anlehnung des Inselreiches an Frankreich und Rußland geführt habe. «England würde daher unter keinen Umständen eine Niederwerfung der Franzosen dulden können. [...] England könne und wolle sich nicht nachher einer einheitlichen kontinentalen Gruppe unter Führung einer einzigen Macht gegenübersehen.»

Wilhelm II. fand den Bericht Lichnowskys am Sonntagmorgen, dem 8. Dezember 1912, vor, als er von der Jagd nach Berlin zurückkehrte. In heftigen Randbemerkungen äußerte er seine Wut über die britische Gleichgewichtspolitik, die «England ewig zu unserem Feinde machen» werde. Im Rassenwahn befangen, stellte er fest, daß sich in dem bevorstehenden «Endkampf der Slaven und Germanen [...] die Angelsachsen auf Seiten der Slaven und Gallier» befinden und «Parteigänger der Gallo-Slaven gegen die Germanen!» sein würden. Dem bayerischen Gesandten setzte der Kaiser auseinander, es gehe «vielleicht bald um das Ganze für Deutschland. Von drei Seiten bedroht, müssen wir auf alles gefaßt sein und dürfen nichts versäumen, um Armee und Flotte stark zu machen.» Wenn der Reichskanzler ihm Schwierigkeiten machen sollte, müsse er gehen. Neben den Armee- und Flottenvorlagen müsse Deutschland «überall Bündnisse suchen». An Albert Ballin, der ein Jahr zuvor die Mission Haldanes eingefädelt hatte, schrieb der Kaiser in unverminderter Aufregung, in der Auseinandersetzung zwischen Österreich und Serbien handele es sich um einen «*Rassenkampf* [...] der Germanen gegen die übermütig gewordenen Slawen», also um eine «*Existenzfrage* für die *Germanen* auf dem europäischen Kontinent. [...] Da nun der Krieg gegen Rußland sofort den Kampf mit *Frankreich* bedeutete, so war es von Interesse zu wissen, ob in diesem – rein *kontinentalen* Falle – England nicht seine, uns im Februar vorgeschlagene Neutralität ganz gut erklären könnte.» Statt dessen habe nun Haldane erklärt: «Falls Deutschland mit Rußland und Frankreich in einen Krieg verwickelt würde, werde England *nicht neutral* bleiben, sondern *sofort* Frankreich beispringen! Die Begründung dafür lautete: England könne und werde es *niemals dulden*, daß wir eine Vormachtstellung auf dem Kontinent einnähmen, unter der sich der Kontinent einigen könnte.»

Diese wutentbrannten Expektorationen des Kaisers vom Dezember 1912, die sich seitenweise fortsetzen ließen, sind die aussagekräftigsten Quellen, die wir über seine strategischen Erwartungen am Vorabend des Ersten Weltkriegs besitzen. Über einen Konflikt zwischen Österreich-Ungarn und Serbien auf dem Balkan sollte der *«Rassenkampf»* gegen Rußland und Frankreich eingeleitet werden, der die Vormachtstellung des Deutschen Reiches auf dem europäischen Kontinent auf Dauer besiegeln würde. Nicht nur das: Trotz der Erfahrungen in den zwei Marokkokrisen und des Scheiterns der Haldane-Mission gab sich Wilhelm II. bis zu diesem Sonntag der Illusion hin, daß Großbritannien bereit wäre, seine beiden Ententepartner im Stich zu lassen und die deutsche Hegemonie stillschweigend hinzunehmen. Seine bittere Enttäuschung über die als Axiom verkündete britische Gleichgewichtspolitik ist nur erklärbar als Spiegelbild seiner eigenen bis dahin gehegten, völlig realitätsfernen Erwartung der Neutralität der Engländer, als müßten diese der gewaltsamen Umwälzung des europäischen Staatensystems und speziell der Eroberung Belgiens und Frankreichs tatenlos zusehen. So verblüffend diese kaiserliche Halluzination im Winter 1912 auch war, der Wunschtraum der englischen Neutralität sollte anderthalb Jahre später die Grundlage seiner Politik bilden, als die Welt tatsächlich über einen österreichisch-serbischen Konflikt in die Katastrophe taumelte.

In der aktuellen Lage sah sich Wilhelm durch Lichnowskys

Klarstellung gezwungen, seine bereits am 9. November 1912 zugesagte Rückendeckung eines österreichischen Angriffs auf Serbien zurückzunehmen. Der berüchtigte «Kriegsrat», den er am 8. Dezember 1912 einberief, stand lange Zeit im Mittelpunkt der Fischer-Kontroverse als möglicherweise der Moment, in dem der Kaiser und seine «Getreuen von Heer und Flotte» die Auslösung des großen Krieges in etwa anderthalb Jahren beschlossen hätten. Diese Deutung erweist sich keineswegs als falsch. Setzt man aber voraus, daß in Wien und Berlin der Entschluß zum sofortigen Krieg bereits im November 1912 gefallen war, so gewinnt die Militärkonferenz im Berliner Schloß an jenem Sonntagmorgen eher den Charakter eines taktischen Rückzugs: Angesichts der drohenden Gefahr einer englischen Intervention wurde der bereits beschlossene Krieg um ein paar Jahre vertagt, bis die Armee vergrößert, der Kaiser-Wilhelm-Kanal erweitert, der U-Boot-Hafen auf Helgoland befestigt wären und vertraulichere Beziehungen zu England hergestellt werden konnten. In der Zwischenzeit sollten laut Befehl des Kaisers weitere Bündnispartner gesucht und das eigene Volk propagandistisch auf den Krieg vorbereitet werden. Vorerst mußten die Österreicher aber von ihrem beabsichtigten Angriff auf Serbien wieder abgebracht werden, eine heikle Aufgabe, die Prinz Heinrich, Generalstabschef von Moltke und der Reichskanzler auf sich nahmen.

Der aufgeschobene Krieg rückt näher (1913–1914)

Die Schlüsselfigur der deutschen Außenpolitik blieb weiterhin Kaiser Wilhelm II., und er ließ in Wien keine Zweifel aufkommen, daß der Kontinentalkrieg nur aufgeschoben, nicht aufgehoben sei. Drängte er Erzherzog Franz Ferdinand noch im Februar 1913 zum Einlenken Rußland gegenüber – man sagte ihm nach, bei dem «Hinausschieben der großen Entscheidung» wirke der Gedanke mit, sein 25jähriges Regierungsjubiläum in Frieden begehen zu wollen –, so schlug er bereits im April wieder martialische Töne an, als sich um Skutari ein neuer Konflikt zwischen Österreich und Serbien abzeichnete. Zu einem Erfolg gegen Serbien müsse Deutschland «Wien coute qui coute verhelfen; auch mit der Waffe in der Hand!» rief er aus, allerdings jetzt wieder in der Annahme, daß auch England bereit sein würde, «gegen Asiatisches Slaven- und Tartarenthum» vorzugehen. Bei ihm und in der Wilhelmstraße setzte sich die fatale Überzeugung durch, daß sich England aus einem europäischen Krieg heraushalten würde, vorausgesetzt, daß Rußland sich ins Unrecht setzte. «Es ist für uns sehr wichtig, die Rolle des Provozierten zu haben, da ich glaube, daß England dann – aber wohl auch nur dann – neutral bleiben kann», erklärte der Staatssekretär Gottlieb von Jagow Ende April 1913 ganz im Sinne seines Souveräns. In Berlin trat am 5. Mai 1913 wieder ein Kriegsrat zusammen; um ein Haar wäre es zum Ausbruch eines großen Krieges gekommen. Moltke versicherte dem österreichischen Militärattaché, die diplomatische Lösung der Skutarifrage sei «nur ein Aufschub» gewesen, und auch Kaiser Wilhelm äußerte sich in gewohnter Weise naßforsch über den bevorstehenden Rassenkrieg: «Der Kampf zw[ischen] Slawen und Germanen ist nicht mehr zu umgehen er kommt sicher. Wann? Das findet sich.»

Je weiter die im Dezember 1912 beschlossene deutsche Armeeverstärkung voranschritt, je näher das Ende der Erweiterungsarbeiten am Kaiser-Wilhelm-Kanal rückte, desto bestimmter wurden die Forderungen Wilhelms und Moltkes nach einer energischen Aktion Wiens. Während der Manöver in Schlesien im September 1913 zeigte sich der Kaiser dem wieder amtierenden österreichischen Generalstabschef Conrad von Hötzendorf gegenüber ungehalten, daß er noch immer nicht in Serbien eingerückt sei. «Warum ist es nicht geschehen?» fragte er ihn, «Es hat Sie niemand verhindert!» Moltke versicherte seinem Kollegen: «Die Schwüle der jetzigen Zeit drängt zur Entladung. [...] Nur das weiß ich, daß, wenn es zum Schlagen kommt, der Dreibund seine Schuldigkeit tun wird.» Allerdings warnte er Conrad, daß Deutschland, «wenn es zum Kriege käme, mit den Hauptkräften Frankreich angreifen und sich dann ehestens gegen Osten wenden» könne. Zwar stünden ihm 113 Divisionen zur Verfügung, aber «wir müssen an die Engländer denken, die sicher auf französischer Seite stehen werden». Als Österreich im Oktober 1913 ein Ultimatum an Serbien stellte mit der Forderung, seine Truppen binnen acht Tagen aus Albanien zurückzuziehen, konnte Wien sich auf die bedingungslose Unterstützung des Deutschen Reiches verlassen. «Seine Majestät der Kaiser und König haben die Mitteilung, daß Österreich-Ungarn diesmal fest entschlossen ist, Serbien nicht nachzugeben, mit großer Befriedigung begrüßt», meldete der Diplomat im kaiserlichen Gefolge.

Ende Oktober 1913 traf der Kaiser in Wien mit dem Außenminister Graf Berchtold zusammen und setzte ihm auseinander: Sollten die Serben die Unterordnung unter Kaiser Franz Joseph verweigern, «so wird Belgrad bombardiert und so lange okkupiert, bis der Wille Seiner Majestät erfüllt ist». «Und das können Sie sicher sein, daß ich hinter Ihnen stehe und bereit bin, den Säbel zu ziehen, wann immer Ihr Vorgehen es nötig machen wird. (Seine Majestät begleitete diese Worte mit einer Handbewegung nach dem Säbel.) [...] So oft sich während der fünfviertelstündigen Unterredung die Gelegenheit ergab, das Bundesverhältnis zu streifen, benützte Seine Majestät ostentativ den Anlaß, um zu versichern, daß wir voll und ganz auf Ihn zählen können. Dies war der rote Faden, der sich durch die Äußerungen des höchsten Herrn durchzog, und als ich beim Abschiede dies hervorhob und dankend quittierte, geruhte mich Seine Majestät zu versichern, daß, was immer vom Wiener Auswärtigen Amte komme, für Ihn Befehl sei ...» In einem Bericht an Bethmann Hollweg bestätigte Botschafter von Tschirschky, der Kaiser habe Berchtold in aller Deutlichkeit zu verstehen gegeben, die Doppelmonarchie müsse sich «Serbien *unter allen Umständen* auf irgendeine Weise, besonders auf militärischem Gebiet angliedern und sich dadurch zum mindesten die Garantie verschaffen, daß sie *im Falle eines Konfliktes mit Rußland* die serbische Armee nicht gegen sich, sondern auf ihrer Seite haben würde». Deutlicher hätte der Kaiser nicht sprechen können; und als die Österreicher acht Monate später um die deutsche Rückendeckung baten, falls sich ihr Angriff auf Serbien zum Kontinentalkrieg ausweiten sollte, brauchten sie über die Antwort nicht im Zweifel gewesen sein.

Auch im Westen schritten die Vorbereitungen auf den großen

Krieg mit Siebenmeilenstiefeln voran. Im November 1913 führte der belgische König Albert in Potsdam Gespräche mit Wilhelm II. und Moltke, die deren Entschlossenheit klar erkennen ließen, in Kürze über sein Land und Frankreich herzufallen. Ganz im Sinne der Drohungen, die er im Januar 1904 Leopold II. gegenüber ausgesprochen hatte, erklärte Wilhelm dem neuen König, der Krieg gegen Frankreich sei unausweichlich und unmittelbar bevorstehend. Angesichts der erdrückenden Überlegenheit seiner Armee sei sich Deutschland des Sieges sicher, und der König täte gut daran, sich dem Vormarsch nicht zu widersetzen. In Übereinstimmung mit seinem Souverän bekräftigte Moltke dem Gast gegenüber, daß der Krieg mit Frankreich nahe sei. «Eure Majestät werden sich gewiß vorstellen können, was für ein unwiderstehlicher Enthusiasmus das ganze deutsche Volk an diesem Tag mitreißen wird. […] Nichts wird dem furor teutonicus widerstehen können, wenn er erstmal entfesselt ist.» Der Generalstabschef drohte mit schlimmen Folgen, sollte sich das kleine Nachbarland dem Angriff in den Weg stellen. «Die kleinen Staaten haben einen großen Vorteil mit uns zu gehen, denn die Konsequenzen werden hart sein für jene, die gegen uns sein werden.» Wieder einmal gingen die Drohungen des Kaisers wie ein Lauffeuer um die Welt – sie spielten bei der Formulierung des berüchtigten Kriegsschuldparagraphen des Versailler Vertrags noch eine Rolle. Daß sie ernst gemeint waren, das beweisen die zahlreichen kriegerischen Randbemerkungen, die Wilhelm II. in diesen Tagen gegen Frankreich krakelte: «Sie sollen uns nur kommen! Dann werden wir mit Gottes Hülfe *endgültig* mit ihnen *abrechnen*!» oder auch: «Es handelt sich um unser Ansehen in der Welt gegen das von allen Seiten gehetzt wird! also Nacken steif und Hand ans Schwerdt!»

Falls immer noch die Frage ungeklärt sein sollte, wie sich England in einem europäischen Konflikt verhalten würde, so war Wilhelm II. voller Zuversicht, daß der machtpolitische Hebel seines Schlachtflottenbaus sein Wunder wirke: «England *kommt uns*, nicht trotz, sondern *wegen Meiner Kaiserlichen Marine*!!» jubelte er im Oktober 1913. Genau zu diesem Zeitpunkt gab Tirpitz seinen engsten Mitarbeitern kund, daß er seinen Einfluß für die Herbeiführung eines baldigen Krieges einsetzen werde, auch ohne das Ziel seiner Flottenpolitik erreicht zu haben. «Die Frage, [...] ob Deutschland seine Weltstellung wenn nötig England gegenüber erkämpfen soll – mit dem großen Einsatz, den dieser Kampf in sich schließt – oder ob es sich auf die Stellung als europäische Kontinentalmacht zweiter Ordnung von vorn herein beschränken soll, diese Frage ist letzten Endes Sache des politischen Glaubens. Schließlich scheine es einer großen Nation würdiger, um das höchste Ziel zu kämpfen und vielleicht ehrenvoll unterzugehen als ruhmlos auf die Zukunft zu verzichten.»

Der Kaiser in der Julikrise 1914

Drei Wochen *vor* der Ermordung Franz Ferdinands in Sarajevo am 28. Juni 1914 hatte Kaiser Wilhelm II. prophezeit: «Es kommt bald das III. Kapitel des Balkankrieges, an dem wir alle betheiligt sein werden.» Genau wie im November 1912, als der Entschluß zum Krieg zum ersten Mal gefaßt wurde, befahl der Monarch jetzt der Reichsleitung: «Klarheit im Verhältniß zu England schaffen!» Entsprechend richtete Bethmann Hollweg am 16. Juni – zwei Wochen *vor* dem Attentat in Sarajevo – noch einmal die Gretchenfrage an Lichnowsky, wie England sich verhalten würde, falls ein «beliebiger, auch ganz untergeordneter Interessengegensatz zwischen Rußland und Österreich-Ungarn die Kriegsfackel entzünden» sollte. Am selben Tag zitierte der Generalquartiermeister im Generalstab, Georg Graf von Waldersee, der sich wie Moltke für die Herbeiführung eines Krieges ausgesprochen hatte, die Militärbevollmächtigten der drei nichtpreußischen deutschen Königreiche zu sich und bat sie, bis auf weiteres keine schriftlichen Meldungen an ihre Kriegsminister zu richten. Ganz in diesem Sinne forderte Moltke den Außenstaatssekretär von Jagow Anfang Juni 1914 auf, seine Politik auf die Herbeiführung eines Präventivkrieges einzustellen. Es deutet also einiges darauf hin, daß sich die deutsche Reichsführung – gemeint sind etwa 20 Militärs und Staatsmänner – bereits vor der Schreckenstat von Sarajevo geschlossen für den Krieg gegen Frankreich und Rußland entschieden hatte.

Daß Kaiser Wilhelm II. in das Komplott eingeweiht war, kann nicht bezweifelt werden. Als Kaiser, König und Oberster Kriegsherr hatte er das letzte Wort, selbst wenn er nicht unbedingt zu den Falken zählte. Aber wie standhaft war seine Entscheidung für den Krieg? Zwar versuchte er mit der Erklärung «Diesmal falle ich nicht um!» Zweifel an seiner Entschlossenheit zu zerstreuen, aber in Anbetracht seiner notorischen Unbeständigkeit galt er im Kalkül der Verschwörer doch als Unsicherheitsfaktor, und das nicht zu Unrecht. Seine Zustimmung war unumgänglich, um die Dampfwalze des Krieges in Gang zu bringen, aber dann sollte er gefälligst ruhiggestellt werden, bis er in der Endphase der Krise für die Mobilmachung wieder nach Berlin zurückgeholt werden mußte. In dieser Manipulation durch seine Ratgeber ist der Anfang des Machtverlusts Kaiser Wilhelms zu erkennen, der bald nach Kriegsbeginn einsetzte.

Als ihn die Nachricht vom Attentat auf seinen Freund «Franzi» erreichte, befand sich Wilhelm II. auf der Kieler Woche. Seine erste Reaktion war erstaunlich gefaßt. Er brach die Segelregatta ab und kehrte nach Potsdam zurück, ließ aber tagelang nichts von einem Entschluß zum Krieg erkennen. Er nahm sich vor, zusammen mit seinem Bruder zur Beisetzung Franz Ferdinands nach Wien zu reisen, und sah erst davon ab, als ihm die Gefahr eines Attentats auch auf ihn an die Wand gemalt wurde. Noch am 3. Juli sprach er von der Absicht, im Herbst eine Reise nach Rumänien zu unternehmen, aber noch in jener Nacht wiederholte er seine Randbemerkung vom Oktober 1913, die nun als Signal zum Beginn des häufig schon diskutierten österreichisch-serbischen Krieges mit allen sich daraus ergebenden Folgen gedeutet wurde. «Jetzt oder nie» müsse mit den Serben «aufgeräumt» werden, verkündete er, *«und* zwar *bald»*. Was der Kaiser mit dieser Glosse genau bezweckt hat – ob er den Kontinentalkrieg wirklich herbeiführen wollte oder nur das Risiko auf sich nahm, daß ein solcher Krieg aus dem Angriff auf Serbien hervorgehen könnte – bleibt allerdings im dunkeln. Ebensowenig wissen wir, welche Einflüsse auf ihn in diesen ersten Tagen einwirkten.

Am 5. Juli 1914 empfing Kaiser Wilhelm den österreichischen

Botschafter Szögyény im Neuen Palais. Nach der Lektüre der beiden Schriftstücke, die Graf Hoyos aus Wien mitgebracht hatte, sprach er seine Genugtuung über den österreichischen Entschluß aus, Serbien als Machtfaktor auf dem Balkan auszuschalten. Er drängte auf rasches Handeln. Dabei kam die Doppelgesichtigkeit seiner Haltung – das Lavieren zwischen Kriegsbereitschaft und Kriegswillen – deutlich zum Vorschein. «Russlands Haltung werde jedenfalls feindselig sein, doch sei er hierauf schon seit Jahren vorbereitet, und sollte es sogar zu einem Krieg zwischen Österreich-Ungarn und Russland kommen, so könnten wir [Österreicher] davon überzeugt sein, dass Deutschland in gewohnter Bundestreue an unserer Seite stehen werde.»

Noch am gleichen Tag bestellte Wilhelm den Reichskanzler, den Unterstaatssekretär Arthur Zimmermann, den Kriegsminister von Falkenhayn, den Chef des Militärkabinetts Freiherr von Lyncker und Generaladjutant von Plessen sowie schließlich noch den Vertreter des Admiralstabs zu sich nach Potsdam. Die Generäle versicherten ihm, daß das Heer für alle Fälle bereit sei. Am folgenden Morgen gab er noch Admiral von Capelle, der für den beurlaubten Tirpitz als Vertreter des Reichs-Marine-Amts Vortrag hielt, den Befehl, heimlich «eine Mobilmachung der Flotte vorzubereiten». Allerdings scheint er mit einem Nachgeben Serbiens gerechnet zu haben, «weil der Zar die Königsmörder nicht unterstützen werde und weil Rußland zur Zeit militärisch und finanziell völlig kriegsunfertig» sei.

Am 6. Juli trat Wilhelm auf Verlangen Bethmanns seine gewohnte Nordlandreise an. Mit dieser List wollte der Kanzler vortäuschen, daß Deutschland keine Ahnung von der Absicht Wiens habe, über Serbien herzufallen. Sicherlich spielte bei ihm aber auch der Wunsch eine Rolle, den unberechenbaren Monarchen bis zum entscheidenden Moment aus Berlin fernzuhalten, um seine Kreise nicht stören zu lassen. Daß die Nordlandfahrt nur vorgegaukelt war, geht schon daraus hervor, daß die *Hohenzollern*, statt wie üblich bis zum Nordkap zu segeln, diesmal in Balholm im Sognefjord, also nur 100 Kilometer nördlich von Bergen, vor Anker ging. Von dort könne der Kaiser binnen

22 Stunden in Cuxhaven beziehungsweise in zwei Tagen in Kiel zur Unterzeichnung der Mobilmachungsordre sein, hieß es.

Weit entfernt, an dem sich entfaltenden Drama unbeteiligt zu sein, erhielt der Kaiser in Balholm Dutzende von Depeschen aus Berlin, die ihn nicht nur auf dem laufenden hielten, sondern es ihm ermöglichten, aktiv in den Gang der Ereignisse einzugreifen. Auf Drängen des Kanzlers befahl Wilhelm seinem Sohn, den Mund zu halten, als der ungestüme Kronprinz mit seinen aggressiven Äußerungen drohte, Mißtrauen über die deutschen Absichten zu erwecken. Von Balholm aus warb Wilhelm aktiv um Bündnisse mit der Türkei, Bulgarien, Rumänien und Griechenland sowie um die Beteiligung Italiens in dem zu erwartenden Konflikt mit Rußland und Frankreich.

Angeblich hatten weder die deutsche Regierung noch das Hoflager in Balholm vorherige Kenntnis von dem Wiener Ultimatum, doch bereits vier Tage *vor* der Übergabe regte der Kaiser an, das Auswärtige Amt möge die Dampferlinien Hapag und den Norddeutschen Lloyd vertraulich von der drohenden Kriegsgefahr in Kenntnis setzen. Schon am 19. Juli notierte Admiral von Müller in sein Tagebuch: «S. M. in erheblicher Aufregung über die Folgen des am 23. von Österreich an Serbien zu stellenden Ultimatums.» Als der Text des bewußt unannehmbar gehaltenen Ultimatums auf der *Hohenzollern* bekannt wurde, jubelte der Kaiser: «Was, das ist doch einmal eine forsche Note.» Und als sich ein Einlenken Serbiens abzeichnete, rief er aus: «bravo! man hatte es den Wienern nicht mehr zugetraut! [...] Die stolzen Slaven! Wie hohl zeigt sich der ganze sog. Serbische Großstaat, so ist es mit allen Slavischen Staaten beschaffen! Nur feste auf die Füße des Gesindels getreten!» Daß diese Randbemerkung nicht als Erleichterung über die Vermeidung eines großen Krieges gedeutet werden kann, zeigt der Befehl, den der Oberste Kriegsherr just an diesem Tag dem Flottenchef von Ingenohl erteilte: Er müsse mit der Zerstörung Tallinns und Libaus den Krieg gegen Rußland eröffnen. Ingenohl gelang es, die Bombardierung der russischen Kriegshäfen noch hinauszuschieben.

Zu diesem Zeitpunkt war Kaiser Wilhelm, mehr als es der

Kanzler oder die Diplomaten der Wilhelmstraße waren, von Kriegslust beseelt. Am 25. Juli stieß Bethmann Hollweg die verzweifelte Frage aus: «Was will der geschwollene Leutnant (W.II.) mit der Welt anfangen?« Da die deutsche Hochseeflotte im Süden Norwegens Manöver abhielt, während die Royal Navy zu einer großen Flottenrevue bei Southampton zusammengezogen war, lag Bethmann viel daran, das für den 27. Juli geplante Auseinandergehen der englischen Schiffe nicht durch eine vorzeitige Rückführung der kaiserlichen Marine zu stören. Aber sein Kalkül wurde durch die Aufgeregtheit des Obersten Kriegsherrn durchkreuzt, der in Balholm am Morgen des 25. Juli die sofortige Heimkehr seiner Flotte befahl. Die Bitte des Reichskanzlers, es müsse doch vermieden werden, durch einen solchen Schritt die britische Kriegsmarine vorzeitig in Alarmbereitschaft zu versetzen, löste bei Wilhelm II. eine wütende Tirade aus. Das Telegramm des «*Civil*kanzlers» sei «unerhört!» und eine «Unglaubliche Zumuthung!» schimpfte er. Die serbische Mobilmachung «*kann* Mobilmachung Rußlands nach sich ziehen; *wird* Mobilmachung Österreichs nach sich ziehen! In diesem Fall muß ich meine Streitmacht zu Lande und zu Wasser *beisammen* haben. In der Ostsee ist kein einziges Schiff!! [...] Wenn Rußland mobil macht muß meine Flotte schon in [der] Ostsee sein also fährt sie nach Haus!» In der Tat segelte die Royal Navy auf Befehl Churchills bei Nacht und ohne Lichter vom Ärmelkanal in schottisches Gewässer.

Nicht nur die kaiserliche Hochseeflotte, der Kaiser selbst beschloß am 25. Juli, die Rückfahrt nach Deutschland anzutreten. Auf der Heimreise zeigte sich Wilhelm weiterhin entschlossen, zumindest eine gewaltige Machtverschiebung «am Balkan und in Europa» zugunsten der Mittelmächte durchzusetzen. «Österreich muß auf dem Balkan präponderant werden den Anderen kleineren gegenüber auf Kosten Rußlands; sonst giebts keine Ruhe», schrieb er. Schlichtungsvorschläge wies er von sich, und als der russische Außenminister mit Krieg drohte, falls Österreich in Serbien einmarschierte, reagierte Wilhelm achselzuckend mit der Bemerkung: «na denn zu!»

Noch auf der Seefahrt nach Kiel schien der Kaiser den Kontinentalkrieg herbeizuwünschen. Um so verwunderter waren die Männer seiner Umgebung daher, als er am Abend des 26. Juli der Kaiserin telegraphierte, er hoffe bald zum gemeinsamen Sommerurlaub zu ihr nach Wilhelmshöhe kommen zu können. Überhaupt sollten die nächsten Tage von schwankender Unsicherheit gekennzeichnet sein, und der Grund dafür ist in der Haltung Großbritanniens zu suchen.

Als die *Hohenzollern* am 27. Juli in Kiel anlegte, war der Kaiser noch dermaßen kriegerisch gestimmt, daß sogar die Admirale den Kopf schüttelten. Seinen Befehl, die östliche Ostsee abzusperren, hielten Tirpitz und Capelle für «militärischen Unsinn» und «krankhaft». «Jetzt spielt er Soldaten!» riefen sie entsetzt. Wilhelm seinerseits war empört über die Bitte des Kanzlers, er möge statt nach Berlin nach Potsdam fahren, da die Demonstrationen, die bei seinem Erscheinen in der Hauptstadt zu erwarten seien, als Kriegswunsch gedeutet werden könnten, während seine Politik doch darauf gerichtet sei, Rußland «rücksichtslos unter allen Umständen vor der Welt ins Unrecht» zu setzen. «Das wird immer toller», klagte der Kaiser verständnislos. «Jetzt schreibt mir der Mann sogar vor, daß ich mich meinem Volk nicht zeigen darf.» Während der Vorträge, die ihm Bethmann, Moltke und Admiralstabschef von Pohl bei der Ankunft im Neuen Palais hielten, gab er sich aggressiv: Es sei noch zu früh, dem Zaren eine der im Auswärtigen Amt entworfenen Depeschen zu schicken; die Österreicher sollten ein großzügiges Kompensationsangebot an die Italiener machen, damit auch sie in den Krieg einträten; der britische Vorschlag einer internationalen Konferenz sei abzulehnen. Das Fazit der Immediatvorträge hielt Müller in den Worten fest: «Ruhige Haltung, Rußland sich ins Unrecht setzen lassen, dann aber Krieg nicht scheuen.» Kriegsminister von Falkenhayn erfuhr unter der Hand, daß man beschlossen habe, die Sache durchzufechten, «koste es, was es wolle».

Bislang war der Kaiser davon ausgegangen, daß sich England – gelänge es nur, Rußland als Störenfried darzustellen – aus dem Krieg heraushalten würde. Um diese Illusion aufrechtzuerhalten, hatte der Kanzler dem Monarchen die mahnenden Depeschen Lichnowskys in abgeschwächter Form vorgelegt. Doch am 27. Juli traf aus London eine Meldung ein, die so gravierend war, daß sie dem Obersten Kriegsherrn nicht vorenthalten werden konnte: Sir Edward Grey, so berichtete Lichnowsky, habe die serbische Antwort auf das Ultimatum für so nachgiebig befunden, daß sich Österreich und Deutschland ins Unrecht setzen würden, sollten sie auf Verhandlungen mit Belgrad nicht eingehen. Lichnowskys Depesche wurde dem Kaiser am Morgen des 28. Juli vorgelegt. Erstmals kamen ihm Bedenken über den eingeschlagenen Kurs.

Angesichts der serbischen Fügsamkeit, so meinte Wilhelm nun, falle jeder Kriegsgrund gegen Serbien fort. Statt dessen solle Österreich-Ungarn Belgrad als Faustpfand besetzen, bis seine Forderungen restlos erfüllt seien. In dem Glauben, die internationale Krise sei damit überwunden, wollte er sogar seine Urlaubspläne wieder aufnehmen. Ungehalten klagte er darüber, daß ihn Wien seit Wochen über seine Absichten im dunkeln gelassen habe. Dabei durchschaute der Monarch die Machinationen seiner eigenen Regierung nicht. Seinen Halt-in-Belgrad-Vorschlag leitete Bethmann entstellt und verspätet nach Wien weiter, so daß die österreichische Kriegserklärung an Serbien nicht mehr zu verhindern war. Zudem machte der Kanzler in seinen Instruktionen an den Wiener Botschafter Tschirschky deutlich, daß Deutschland Österreich unter keinen Umständen zurückhalten wolle. So verlief die Schlichtungsaktion des Kaisers im Sande, zumal ihn die Generäle bald wieder auf ihren Kriegskurs einschwören konnten. Am Abend des 28. Juli hatte ihn Falkenhayn bei einem Besuch im Neuen Palais noch fassungslos vorgefunden. «Er hält wirre Reden, aus denen nur klar hervorgeht, daß er den Krieg jetzt nicht mehr will und entschlossen ist, um diesen Preis selbst Österreich sitzen zu lassen.» Der Kriegsminister machte den Kaiser «darauf aufmerksam», wie er schrieb, «daß er die Angelegenheit nicht mehr in der Hand hat». Bald konstatierte Falkenhayn mit Genugtuung, Wilhelm sei wieder zu der Überzeugung gelangt, daß die «Kugel, die in's Rollen gekommen, nicht mehr aufzuhalten ist».

Warum? Was war vorgefallen, um den Kaiser wieder kriegerisch zu stimmen? Am Vormittag des 29. Juli erhielt er einen Brief Prinz Heinrichs, der – wie im Dezember 1912 – nach London gereist war, um George V. über die britischen Intentionen zu sondieren. In einem äußerst knapp gehaltenen Treffen im Buckingham Palace am Sonntagmorgen, dem 26. Juli 1914 – der König eilte zum Gottesdienst –, glaubte Heinrich, von seinem Vetter eine Zusicherung der englischen Neutralität herausgehört zu haben. Seinem Bruder meldete er, «Georgie» habe versprochen: «Wir werden alles daran setzen herauszubleiben und neutral sein.» Plötzlich glaubte Wilhelm wieder an die Möglichkeit, Krieg gegen Rußland und Frankreich führen zu können, ohne die englische Teilnahme befürchten zu müssen. Zu Tirpitz sagte er: «Ich habe das Wort eines Königs, das genügt mir.»

Der bekannte Depeschenwechsel zwischen dem Kaiser und Zar Nikolaus II. in den letzten Tagen der Julikrise war nichts als eine Scharade mit dem Ziel, wie Bethmann sagte, «die Schuld Rußlands in das hellste Licht [zu] setzen». Anders als die ihm vom Auswärtigen Amt zur Unterschrift vorgelegten Telegramme an den Zaren arbeitete Wilhelm persönlich an den Depeschen, die er und Heinrich an den englischen König richteten. Die Illusion der englischen Neutralität, die Heinrichs Begegnung im Buckingham Palace genährt hatte, wurde jedoch am 30. Juli abermals durch Telegramme aus London zerstört, wonach Grey erklärt habe, England könne in einem Krieg zwischen Deutschland und Frankreich nicht neutral bleiben, sondern werde sogleich mit seiner Flotte in Aktion treten. «Das war der härteste Schlag dieser Tage», schrieb Admiral von Müller; der Kaiser sei «tief betroffen». In einer Panik, die einen Nervenzusammenbruch anzukündigen schien, schlug Wilhelm wild um sich: Nicht er oder sein Bündnispartner Österreich, sondern die anderen seien an dem Desaster schuld.

Dennoch unternahm Wilhelm einen letzten Versuch, die in Bewegung geratene Kriegsmaschinerie aufzuhalten. Kurz vor Mitternacht am 30. Juli traf im Neuen Palais ein Telegramm Georges V. an Heinrich ein, in dem der König den Halt-in-Belgrad-Vorschlag des Kaisers begrüßte und versprach, seinerseits das Möglichste zu tun, um eine Katastrophe abzuwenden. Wilhelm bat seinen Bruder, umgehend mit der Depesche zum Reichskanzler nach Berlin zu eilen, der das Telegramm nach Wien weiterleiten solle. Gleichzeitig solle der Kanzler London mitteilen, daß sich Österreich mit einem Faustpfand begnügen würde und bereit sei, auf jegliche territoriale Forderung an Serbien zu verzichten. Heinrich übergab Bethmann die Depesche des Königs um 1.15 Uhr und erreichte Potsdam wieder um halb drei frühmorgens. Beim Aufstehen wiederholte Wilhelm seinen Befehl an den Kanzler, ihm Entwürfe für seine Antworten an den König von England und den russischen Zaren «über Englische u. Wiener Vorschläge» vorzulegen, «die sich ja mit meinen fast ganz decken». Der nächtliche Ritt des Kaiserbruders zum Reichskanzlerpalais hätte möglicherweise den Ansatz zu Verhandlungen bieten können. Aber Bethmann Hollweg ignorierte die Befehle seines Souveräns. In Wahrheit waren weder die deutsche noch die österreichische Regierung bereit, die Friedensinitiative Kaiser Wilhelms anzunehmen.

Durch den versöhnlichen Ton der Depesche seines englischen Vetters optimistisch gestimmt, zeigte sich der Kaiser in der letzten Phase der Julikrise wieder voller Kriegslust, überzeugt, daß der Sieg über Frankreich und Rußland zum Greifen nahe war. Der Kaiser stehe entschieden auf der Seite Moltkes und des Kriegsministers, berichtete der bayerische General von Wenninger am 30. Juli. Er sei «entschlossen, mit Frankreich abzurechnen», sagte Wilhelm dem österreichischen Botschafter. Sein Ziel sei, «den Balkan von Rußland auf ewig zu befreien!» In dieser Haltung wurde er von seinem Bruder und seinen sechs Söhnen bestärkt, die (wie Valentini bemerkte) «alle voll Kriegslust» seien. Auch die Kaiserin sorgte dafür, daß der Monarch standhaft blieb.

Moltke und Falkenhayn drängten auf die Ausrufung des Zustandes der «drohenden Kriegsgefahr» als Vorstufe zur Mobilmachung, doch Bethmann hielt zurück in der Hoffnung, daß sich Rußland doch noch durch eine Kriegserklärung ins Unrecht setzen würde. Sie vereinbarten, bis 12 Uhr mittags am 31. Juli zu warten, und als die Nachricht von der russischen Erklärung 20 Minuten vor Ablauf dieser Frist eintraf, brach in

Berlin Jubel aus. «Überall strahlende Gesichter», meldete Wenninger nach einem Besuch im Kriegsministerium. Wilhelm gab die Anweisung zur Ausrufung der «drohenden Kriegsgefahr» und übersiedelte mit seinem Bruder und den Söhnen von Potsdam nach Berlin. Am Nachmittag gab er im Sternensaal vor den versammelten Militärs laut Falkenhayn «ein Exposé über die Lage, in dem Rußland die ganze Schuld zugeschoben wird. Seine Haltung und Sprache sind würdig eines Deutschen Kaisers! würdig eines preußischen Königs.» Wilhelm wies den Reichskanzler an, ein Ultimatum an Rußland und dann auch an Frankreich zu richten. Bei der Unterzeichnung der Mobilmachungsorder am 1. August 1914 hatten der Kaiser und der Kriegsminister Tränen der Rührung in den Augen. Der Oberste Kriegsherr hielt eine Rede vom Schloßbalkon, die die gewünschte Volksbegeisterung hervorrief. «Stimmung glänzend», notierte Müller in sein Tagebuch. «Die Regierung hat eine glückliche Hand gehabt, uns als die Angegriffenen hinzustellen.» An Kaiser Franz Joseph richtete Wilhelm ein Telegramm, das den Krieg gegen Serbien für «ganz nebensächlich» erklärte; jetzt müsse Österreich «seine Hauptkraft gegen Rußland» einsetzen und nicht durch eine gleichzeitige Offensive gegen Serbien zersplittern. Er richtete Briefe an die Könige von Italien, Griechenland und Rumänien sowie an die Regierungen in Sofia und Konstantinopel mit der Aufforderung, mit Deutschland gegen den gemeinsamen Feind zu kämpfen.

An jenem 1. August ereignete sich noch die wohl bekannteste Episode der ganzen Krise. Nachdem Moltke und Falkenhayn das Schloß verlassen hatten, um «die schwerste Blutarbeit» zu beginnen, «die je die Welt gesehen hat» (Falkenhayn), wurden sie zurückbefohlen und mit der Mitteilung konfrontiert, in einem neuen Telegramm aus London habe Lichnowsky die englische Neutralität in Aussicht gestellt, falls Deutschland nur Rußland und nicht Frankreich angreife; ja, in einem solchen Fall werde es mit seiner Armee und Flotte für die Neutralität Frankreichs einstehen. Zum Entsetzen Moltkes rief der Oberste Kriegsherr aus: «Also wir marschieren einfach mit der ganzen Armee im Osten auf!» Als der Generalstabschef auf die Unmöglichkeit hinwies, ein Millionenheer von der Westfront an die Ostfront umzudirigieren, fuhr ihn der Kaiser «sehr ungehalten» mit den Worten an: «Ihr Onkel würde mir eine andere Antwort gegeben haben!» Durch Generaladjutant von Plessen befahl er, den Überfall auf Luxemburg und Belgien telegraphisch anzuhalten. Moltke bekam einen Nervenzusammenbruch, wurde rot und blau im Gesicht und weinte Tränen der Verzweiflung. Wie vom Schlag getroffen, stieß er den Seufzer aus: «Gegen die Franzosen und Russen will ich Krieg führen, aber nicht gegen einen solchen Kaiser.»

So gut man seine Frustration verstehen kann, Moltkes Reaktion auf die (allerdings bizarre) Nachricht aus London wurde von den übrigen anwesenden Militärs und Staatsmännern nicht geteilt; sie alle hielten den Befehl des Kaisers, den Westaufmarsch einzustellen, für sachgerecht, schien doch das angebliche Angebot Greys Deutschland die Möglichkeit zu bieten, den Krieg gegen Rußland unter geradezu idealen Umständen zu führen. Die Jubelstimmung im Schloß schlug höher noch, als um 20.30 Uhr ein weiteres Telegramm Lichnowskys den Krieg gegen Rußland *und* Frankreich ohne englische Einmischung in Aussicht stellte. In «sehr gehobener Stimmung» ließ der Kaiser Sekt kredenzen; das jahrelang angestrebte Ziel seiner Hegemonialpolitik schien erreicht.

Die Ernüchterung kam noch in der Nacht. Verwundert durch das erfreute Telegramm, das der Kaiser als Antwort auf die erste Depesche Lichnowskys an ihn gerichtet hatte, rief George V. den Außenminister Grey in den Buckingham Palace. Dieser entwarf das Antworttelegramm des Königs, das Lichnowskys Meldung als ein Mißverständnis erklärte; an der britischen Haltung habe sich nichts geändert. Um 23 Uhr wurde Moltke ins Schloß befohlen. Der Kaiser war schon im Bett, empfing den Generalstabschef im Schlafrock und sagte ihm «sehr erregt»: «Nun können Sie machen, was Sie wollen.» So wurden der Handstreich auf Lüttich und der Einmarsch in Luxemburg fortgesetzt, und die Würfel des Krieges wurden geworfen. Der Kaiser legte sich tagelang ins Bett. Auch Moltkes Nervensystem war «auf das Schwerste in Mitleidenschaft gezogen». In der

Londoner Botschaft irrte Fürst Lichnowsky wie ein Gebrochener im Schlafanzug durch die Räume, als der amerikanische Botschafter zur Übernahme der deutschen Geschäfte eintraf. Die Fürstin Mechtild Lichnowsky wischte das Porträt Kaiser Wilhelms vom Schreibtisch ihres Mannes und rief aus: «Das ist das Schwein, das dies verbrochen hat!»

Dieses Urteil, in einem Zustand der Verzweiflung ausgerufen, ist etwas zu hart. Wilhelm II. handelte keineswegs allein, er war noch nicht einmal der Hauptantreiber zum Krieg und wurde in der Julikrise bisweilen von seinen Ratgebern hinters Licht geführt, vor allem dann, als er «umzufallen» drohte. Diese Ratgeber hatte er jedoch alle persönlich ausgewählt, weil sie ihm forsch oder geschmeidig vorkamen, und im Amt gehalten, weil sie die Richtlinien seiner Politik vertraten. Das zwei Jahrzehnte hindurch von ihm praktizierte Persönliche Regiment hatte im preußisch-deutschen Staatsapparat und zum Teil auch im Offizierskorps eine dysfunktionale Polykratie sowie eine höfische Kultur hervorgebracht, in der sich umsichtige Mahner wie beispielsweise Metternich oder Lichnowsky kein Gehör verschaffen konnten. Je mehr die heroisch-militaristische Persönliche Monarchie Wilhelms II. in Gegensatz zur überwiegenden Mehrheit des deutschen Volkes geriet, desto bedrohter fühlten sich der Oberste Kriegsherr und seine Paladine von Heer und Flotte auch im Reich. Es galt, aus der innen- und außenpolitischen Einkreisung auszubrechen, ehe es dafür zu spät wurde, und das mit den Bismarckschen Mitteln des provozierten Defensivkrieges. Der Kaiser mag gelegentlich gezaudert haben, als es gegen Ende der Julikrise 1914 brenzlig wurde, klarer als seine Heerführer und Diplomaten hat er nach Jahren der unerbittlichen flottenpolitischen Herausforderung die Gefahr erkannt, die dem Deutschen Reich in einem Kontinentalkrieg durch die Teilnahme Großbritanniens drohte. Dennoch steuerte er in seinem Verkehr mit Erzherzog Franz Ferdinand und seinem Intimfreund Fürstenberg just auf den europäischen Krieg zu, vertrauend auf seine geheuchelte Familienverbundenheit mit dem englischen Königshaus. So trifft ihn doch schwere Schuld – vielleicht die schwerste überhaupt –, die Urkatastrophe Europas heraufbeschworen zu haben. Als Kronzeuge für die entscheidende Rolle, die Wilhelm II. am Vorabend des Weltkriegs spielte, kann der langjährige Botschafter Österreich-Ungarns, Szögyény, angeführt werden, der noch im August 1913 seinem Außenminister versicherte: «Wenn ich mir die Frage stelle, wer jetzt eigentlich die Auswärtige deutsche Politik leitet, so kann ich mir nur die Antwort geben, dass weder Herr von Bethmann Hollweg noch Herr von Jagow sondern Kaiser Wilhelm selbst die Leitung der Auswärtigen Politik in Händen hat, und dass in dieser Beziehung der Reichskanzler und der Staatssekretär nicht in der Lage sind, auf Seine Majestät einen entsprechenden Einfluss auszuüben.»

VI. Der größenwahnsinnige Gottesstreiter (1914–1918)

Die Kriegsziele des Kaisers

Für Wilhelm II. war der blutige Völkerkonflikt von 1914/18 nicht zuletzt eine weltweite Auseinandersetzung zwischen dem göttlichen Prinzip der Monarchie und der diabolischen Idee der Demokratie. Noch im März 1918, als Ludendorff einen Durchbruch an der Westfront erzielt zu haben schien, rief der Kaiser aus: «Die Schlacht ist gewonnen, die Engländer total geschlagen» und «wenn ein englischer Parlamentär komme, um den Frieden zu erbitten so müsse er erst vor der Kaiserstandarte knien, denn es handele sich um den Sieg der Monarchie über die Demokratie». Während Millionen ihr Leben ließen oder verstümmelt wurden, bildete sich der Kaiser ein, nur er und die anderen gekrönten Häupter Europas hätten das Recht, die Friedensverhandlungen zu führen.

Aber wie stellte er sich den «deutschen Gottes-Frieden» vor? Nicht nur für ihn war der Weltkrieg eine Fortsetzung der Weltmachtpolitik der vorangegangenen zwanzig Jahre mit anderen Mitteln, eine Rückkehr zum Status quo vor dem Krieg undenkbar. In seiner berüchtigten Denkschrift vom 9. September 1914 hatte Bethmann Hollweg das allgemeine Ziel des Krieges als die «Sicherung des Deutschen Reiches nach West und Ost auf erdenkliche Zeit» definiert und zu diesem Zweck die dauerhafte Schwächung Frankreichs, die Zerstückelung Belgiens, die Eingliederung Luxemburgs und die Abdrängung Rußlands von der deutschen Grenze durch die Errichtung von deutschen Satellitenstaaten gefordert. Ganz Mitteleuropa sollte wirtschaftlich unter deutsche Kontrolle kommen und durch ein riesiges Mittelafrika ergänzt werden. Mit diesen atemberaubenden Zielen seines Kanzlers stimmte Wilhelm II. überein. Er werde der englischen balance of power-Politik ein Ende bereiten und eine unschlagbare mitteleuropäische Gemeinschaft gründen, sagte er dem österreichischen Außenminister 1915. Noch 1918 erklärte er, als sich Graf Andrássy als Friedensvermittler auf der Basis des europäischen Gleichgewichts anbot: «Danke sehr! brauche keinen! Geht von allein! mit dem Schwert! Davor bewahre uns der Himmel!» und empfahl Andrássy, der offenbar einen Dachschaden habe, einen Sanatoriumsaufenthalt.

Ein besonderer Wunsch Wilhelms II., den er gleich zu Beginn des Krieges geltend machte, war es, eine Art ethnische Säuberung an der flandrischen Küste Belgiens und Frankreichs vorzunehmen, um dort verdiente deutsche Soldaten als Bauern anzusiedeln. Flanderns Küste mit den Häfen Antwerpen, Zeebrügge, Ostende, Dünkirchen, Calais und Boulogne bezeichnete er als «das Kampfziel meiner Marine». Auch Lüttich und Umgebung, wenn nicht gar das ganze Belgien, sollten wie Luxemburg an Deutschland kommen.

Ebenso ausschlaggebend war die Rolle, die der Kaiser bei der Errichtung eines polnischen Satellitenstaates auf Kosten Rußlands spielte. Unmittelbar nach der Mobilmachung im Juli 1914 erklärte er es als sein Ziel, einen «unabhängigen» polnischen Staat zu gründen. Seinen Vorstellungen nach sollte das neue Polen freilich von der Ostsee abgeschnitten und außenpolitisch, militärisch und wirtschaftlich von Deutschland gelenkt werden – er persönlich würde den Oberbefehl über die polnischen Streitkräfte innehaben, und die polnischen Eisenbahnen würden in die preußischen integriert sein. Das polnische Königreich, das am 5. November 1916 ausgerufen wurde, war nicht zuletzt das Geisteskind Kaiser Wilhelms.

Nach dem Sturz des Zaren im Februar 1917 listete Kaiser Wilhelm seine atemberaubenden Vorstellungen von der neuen Weltordnung auf und verdeutlichte damit, worum es ihm im Ersten Weltkrieg eigentlich ging. In einer Denkschrift vom 19. April 1917 verlangte er die Einnahme von Malta, der Azoren, Madeiras und der Kapverdischen Inseln als Stützpunkte für seine Flotte, die Annexion Belgisch-Kongos und des französischen Erzbeckens Longwy-Briey sowie den Anschluß Polens, Litauens und Kurlands an das Reich. Darüber hinaus sollten die Ukraine, Livonien und Estland deutsche Satellitenstaaten werden. Hinzu kamen milliardenhohe Reparationsforderungen an Großbritannien, die USA, Frankreich und Italien. Mit solchen Forderungen stand der Kaiser nicht allein; sie wurden wenige Tage darauf auf der Kriegszielkonferenz in Bad Kreuznach als Deutschlands Richtlinien festgelegt. In einer weiteren Denkschrift vom 13. Mai 1917 setzte Wilhelm II. seine «Mindestforderungen» für die Friedensverhandlungen mit Rußland auf. Auch hier verlangte er die Annexion von Longwy-Briey, die Einnahme von Malta, der Azoren, Madeiras und der Kapverdischen Inseln sowie die Rückgabe der deutschen Kolonien in Afrika zusammen mit dem ganzen Kongo. Belgien wollte er in Wallonien und Flamland aufteilen und unter deutsche Herrschaft stellen. Im Osten sollten Polen, Kurland und Litauen direkt oder indirekt annektiert werden, die Ukraine «autonom» werden. Zu den massiven Kriegsentschädigungen, die er England, Amerika, Frankreich und Italien auferlegen wollte, kamen jetzt Reparationsforderungen in Milliardenhöhe an China, Japan, Brasilien, Bolivien, Kuba und Portugal hinzu. Zypern, Ägypten und Mesopotamien (Irak) sollten an die Türkei und Gibraltar an Spanien rückübergeben werden.

Von der Erforderlichkeit der Revolutionierung des russischen Zarenreiches hatte der Kaiser schon vor dem Krieg gesprochen. Als er von der Überführung Lenins von Zürich nach Petrograd erfuhr, witzelte er, man solle den Bolschewisten doch eine Ausgabe seiner Reden mit auf den Weg geben. Im Januar 1918, als die Verhandlungen mit Trotzki in Brest-Litowsk aufgenommen wurden, faßte er seine schwindelerregenden Ambitionen in Ost und West in der Marginalie zusammen: «Der Sieg der Deutschen über Rußland war Vorbedingung für die [Februar-]Revolution, diese die Vorbedingung für Lenin, dieser für Brest!» Genauso müsse jetzt im Westen vorgegangen werden. In dem kommenden «Siegfrieden» könnten «Völkerbeglückende Weltbürgerschaftsgedanken» keinen Platz finden. «Nur das nackte *eigene* Interesse und die Garantie *eigener Sicherheit* und Größe dürfen maßgebend sein.»

Natürlich richtete sich eine solche Neuordnung des Staatensystems grundsätzlich auch gegen Großbritannien und die bisher obwaltende *Pax Britannica*. Die gewaltsame Aufhebung des europäischen Gleichgewichts, die Besitzergreifung von Ärmelkanalhäfen von Antwerpen bis Boulogne, die Ansiedlung deutscher Veteranen als Bauern entlang der flandrischen Küste, die Erniedrigung Frankreichs zum Rang eines abhängigen Staates ohne Armee und ohne Kohle, der ganze Kontinent von der Atlantikküste bis zum Schwarzen Meer, von Finnland bis Malta, wirtschaftlich vereint in einem deutschen Mitteleuropa, deutsche Satellitenstaaten in einem Gürtel von Estland bis zum Kaukasus, eine Bahnlinie, die über Bagdad bis nach Ägypten und zum Persischen Golf führen sollte, deutsche Kriegsschiffe in Brest und Bordeaux, in Madeira, den Azoren und den Kapverdischen Inseln, der gesamte Kongo zusammen mit Togo, Kamerun, Ost- und Südwestafrika in deutscher Hand – in einer solchen Welt wäre das stolze Großbritannien zu einer unbedeutenden Insel im Atlantischen Ozean herabgesunken, stets bedroht von der kaiserlichen Hochseeflotte und den U-Booten mit freiem Zugang zu den Weltmeeren. Fern davon, ein «falscher Krieg» zu sein, war der Erste Weltkrieg nicht weniger als der Zweite für die Engländer ein Existenzkampf, in dem es um alles oder nichts ging.

Mit dem Ausbleiben des erhofften Durchbruchs im Westen kam Wilhelm II. auf die Idee, eine Niederringung Englands und die ersehnte Umwälzung der Weltordnung würde erst in einem «zweiten Punischen Krieg» zu erreichen sein. Im September 1917 setzte er dem verblüfften Reichskanzler Georg Michaelis auseinander: «Ich kenne England und die Engländer besser als meine Landsleute zumal meine Beamten, zumal das Ausw[ärtige] Amt! Wenn Ew. Exz. Herren Vorgänger im Amte meinen Rathschlägen und Anregungen besser gefolgt wären, statt ihren Continentalpolitiktheorien zu folgen und mich nicht anzuhören, wäre die Behandlung der Kerls eine andere gewesen und vieles anders gekommen! Ew. Exz. wollen sich *klar machen:* England ist unser erbitterter, geschworener Haß- und Neiderfüllter *Concurrent*, hat als solches sicher auf Gewinnen der Parthie spekuliert; verliert er sie, so wird der Haß nur größer; und der Kampf geht wirtschaftlich *schonungslos weiter, nach dem Frieden*, der für England eine auch nach außen erkennbare Niederlage werden muß. [...] England hat den I Punischen Krieg – so Gott will – *nicht gewonnen* also *verloren; wir* haben es aber *nicht bezwungen* und scheinen es auch nicht zu können im Augenblick. Also wird der II Punische Krieg – hoffentlich unter besseren Alliiertenbedingungen und Chancen – unbedingt *sofort* vorbereitet werden müssen. *Denn er kommt.* Ehe einer von uns beiden nicht *allein* oben ist, giebt es keinen Frieden in der Welt! *Condominium* gestattet *Großbritannien nicht;* also muß es hinausgeschmissen werden. Es ist dasselbe wie '66 mit Österreich; was die Vorbedingung für '70 war! [...] So ist es mit England in der Welt auch. *Um das* ordentlich niederringen zu können, müssen jetzt im Frieden unbedingt milit. und *marine*politisch die Vorbedingungen geschaffen werden.»

Die Hilflosigkeit des Obersten Kriegsherrn im Kriege

Zwar hielt sich Wilhelm während des Krieges vorwiegend im Großen Hauptquartier auf, doch von einem Mitwirken an den militärischen Operationen kann keine Rede sein. Er war zu Untätigkeit verurteilt, wurde – um ihn zu schonen – von seiner Umgebung nur ungenügend über das Kriegsgeschehen informiert. Er litt an starken Gemütsschwankungen, brauchte Ablenkung, blieb fern von der Hauptstadt und unternahm nicht einmal den Versuch, wenigstens symbolisch die Leiden seines

Volkes mitzutragen. So zeichnete sich bereits in den ersten Kriegsmonaten der Untergang der Hohenzollernmonarchie ab. Trotz alledem sollte die Rolle, die Wilhelm II. wenigstens anfänglich im Ersten Weltkrieg spielte, nicht unterschätzt werden. Bis zur Berufung der 3. Obersten Heeresleitung unter Hindenburg und Ludendorff im August 1916 übte er sowohl in der Personalpolitik als auch in der Seekriegführung einen ausschlaggebenden Einfluß aus. Ja, formal funktionierte der Königsmechanismus der Persönlichen Monarchie bis zum Zusammenbruch im November 1918 weiter und nötigte den Kaiser, so schwer es ihm auch fiel, in allen wichtigen Entscheidungen des Krieges das letzte Wort zu sprechen. Dabei nahm der Einfluß der drei Kabinettschefs, auf deren Rat Wilhelm angewiesen war, im Kriege noch weiter zu.

Bei der Ersetzung des glücklosen Generalstabschefs von Moltke durch Erich von Falkenhayn im September 1914 spielte der Chef des Militärkabinetts, Moriz von Lyncker, die entscheidende Rolle. Nach der verlorenen Marneschlacht erlitt Moltke von neuem einen Nervenkollaps, der seine sofortige Absetzung unausweichlich machte. Auf Drängen Lynckers ernannte Wilhelm den preußischen Kriegsminister Falkenhayn zusätzlich zum Generalstabschef. Er hielt auch trotz aller Kritik und Intrigen an Falkenhayn fest, bis dessen Ersetzung durch das mächtige Heldenduo Hindenburg – Ludendorff im Sommer 1916 nicht mehr zu umgehen war.

Sehr zum Leidwesen von Tirpitz übte der Kaiser in der Seekriegführung, in diesem Fall beraten durch seinen Marinekabinettschef Georg von Müller, seine Befehlsgewalt als Oberster Kriegsherr direkt aus. Er verweigerte dem Großadmiral die Erlaubnis, mit der Hochseeflotte die große Schlacht in der Nordsee zu suchen, und dekretierte peremptorisch: «Er habe befohlen, die Flotte solle drin bleiben, dabei bleibe es.» Immer brenzliger gestaltete sich für den Kaiser die Entscheidung über die Führung des U-Boot-Krieges, zumal nach der Versenkung des englischen Passagierdampfers *Lusitania* im Mai 1915, bei der fast 1200 Personen, darunter zahlreiche Amerikaner, ums Leben kamen. Unter Zustimmung des Reichskanzlers, Müllers und Falkenhayns, die alles vermeiden wollten, was den Kriegseintritt der USA provozieren könnte, befahl der Kaiser, Passagierschiffe fortan von den Angriffen auszunehmen. Daraufhin reichte Tirpitz seinen Abschied ein. «Nein! Bleiben und gehorchen!» verfügte Wilhelm empört. Er könne «im Kriege nicht gestatten, auf Grund von Meinungsverschiedenheiten bezüglich der Verwendung der Seestreitkräfte, über die Ich als Oberster Kriegsherr in letzter Linie und mit vollem Bewußtsein meiner Verantwortung entscheide, seinen Abschied zu erbitten». «Ich habe die Flotte mir geschaffen und ausgebildet, wie, wo und wann ich sie zu verwenden gedenke, ist ganz allein meine, des Obersten Kriegsherrn, Sache.» Tirpitz blieb im Amt und setzte seine Kampagne für den uneingeschränkten Einsatz von U-Booten fort. Der Kaiser lavierte hin und her und klagte, er stehe vor dem schwersten Entschluß seines Lebens. Widerstrebend entließ er Tirpitz im März 1916, als dieser abermals seinen Abschied einreichte. Nach der Berufung der 3. Obersten Heeresleitung unter Hindenburg und Ludendorff verstärkte sich der Druck zugunsten des uneingeschränkten U-Boot-Krieges. Am 8. Januar 1917 erklärte sich der Kaiser plötzlich und sehr entschieden für den rücksichtslosen Einsatz von U-Booten, sogar dann, wenn Bethmann zurücktreten sollte. Der U-Boot-Krieg, so behauptete er auf einmal, sei «eine rein militärische Sache», die den Kanzler nichts anginge. «Die englischen Halunken müssen uns kommen. […] Bis dahin wird weitergedroschen und geschossen und Ubootgekriegt! Unsere Bedingungen sollen die Kerls schlukken!» Die Kriegserklärung der USA erfolgte prompt zwei Monate später.

Zusammenbruch und Flucht: Der Untergang der Hohenzollernmonarchie

Es entbehrt nicht der Ironie, daß Wilhelm, je bizarrer sich seine Weltherrschaftsphantasien gestalteten, in seinem eigenen Reich immer mehr zu einem hilflosen Schattenkaiser herabsank. Der Krieg machte eine grundlegende Reform der preußisch-deutschen Verfassung mit seinem antiquierten Dreiklassenwahlrecht, der freien Kanzler- und Ministerwahl der Krone und der uneingeschränkten Kommandogewalt des Obersten Kriegsherrn unumgänglich, doch Wilhelm II. stemmte sich entschieden gegen die Reformvorschläge Bethmann Hollwegs. Die Einführung des parlamentarischen Systems würde das Recht des Königs hindern, seine Minister nach Belieben auszuwählen und zu entlassen, und außerdem sei es schlicht «undenkbar», Sozialisten oder Zentrumsleute in das Ministerium aufzunehmen, bestimmte er noch im Juni 1917. Die Einführung des allgemeinen Wahlrechts in Preußen könne erst nach dem Kriege konzediert werden. So bedrohlich die Machtübernahme Hindenburgs und Ludendorffs für seine Persönliche Monarchie auch war, Wilhelm flüchtete sich lieber in den Schatten der beiden Generäle als zur parlamentarischen Öffnung hin. «Ich bin ja mit diesen beiden Leuten im siebenten Himmel», äußerte er zu einem seiner Flügeladjutanten.

Dennoch wurden Kaiser und Kanzler aufgerieben zwischen den Mühlsteinen des immer selbstbewußter auftretenden Reichstags einerseits und der Militärdiktatur der OHL andererseits. Am 12. Juli 1917 erhielt Wilhelm die Meldung, Abschiedsgesuche Hindenburgs und Ludendorffs stünden zu erwarten, da sie mit Bethmann nicht länger zusammenarbeiten könnten. Der Kaiser war empört über diese Insubordination, mußte aber einsehen, daß die Entlassung der populären Heerführer eine Unmöglichkeit war. Am folgenden Tag nahm er das Abschiedsgesuch Bethmann Hollwegs an.

Wieder einmal stand der Kaiser ratlos vor der Wahl eines neuen Reichskanzlers. In seinem Abschiedsgesuch hatte Bethmann den bayerischen Ministerpräsidenten Graf Hertling als Nachfolger vorgeschlagen, der jedoch mit dem Hinweis auf sein hohes Alter ablehnte. Gegen den Vorschlag Lerchenfelds, den ehemaligen Botschafter Bernstorff zu berufen, hatte Wilhelm II. «lebhafte Bedenken», erklärte sich aber bezeichnenderweise bereit, diese zurückzustellen, «falls Hindenburg mit ihm einverstanden» sei. Als der Chef des Zivilkabinetts es ablehnte, den Feldmarschall um seine Zustimmung zu bitten, wurde Valentini an den Chef des Militärkabinetts verwiesen. Gemeinsam beratschlagten nun Valentini und Lyncker und gerieten dabei so in

Verzweiflung, daß sie sogar den Gothaischen Adelskalender konsultierten, um Kandidaten aufzutreiben. Später trat Generaladjutant von Plessen hinzu, der die Diskussion in seinem Tagebuch festhielt: «Ich traf im Militär-Kabinett Valentini. Ratlos. Lyncker dito. Es wurden in meinem Beisein alle denkbaren und undenkbaren Kandidaten nochmals rekapituliert: Dallwitz, Bülow, Tirpitz, Gallwitz, Bernstorff, Rantzau. Alle waren aus diesen oder jenen Gründen nach Valentinis Ansicht unbrauchbar. Stilles Nachdenken. Darauf schlug ich abermals Dallwitz vor. Abgelehnt, weil er schon mal erklärt haben soll, er würde dieses Amt immer ablehnen. Darauf schlug ich Hatzfeld vor. Diesen wollte S. M. nicht, ebensowenig Bülow und Tirpitz. Darauf kam mir der allseitig als klug energisch und zuverlässig geschilderte Unterstaatssekretär Michaelis in den Sinn! Valentini entzückt! Das wäre eine geeignete Kraft. Valentini, Lyncker und ich fahren mit diesem Vorschlag zunächst zu Hindenburg. Er und Ludendorff stimmen durchaus bei. Also nun wir alle drei zu S. M. – Allerhöchstderselbe erklären sich einverstanden, obwohl er ihn nur einmal gesehen hatte; er sei klein, ein Zwerg.» So wurde, nachdem die Oberste Heeresleitung quasi um Billigung gebeten wurde, das höchste deutsche Staatsamt einem Mann angetragen, den der Kaiser kaum kannte, der politisch keinen Rückhalt besaß und keinerlei Erfahrungen in der Außenpolitik vorzuweisen hatte. Michaelis trat schon im Oktober 1917 das schwere Amt an Hertling ab, der seine früheren Bedenken aufgab. Die Unterordnung Wilhelms II. unter dem mächtigen Feldherrenduo Hindenburg – Ludendorff erreichte dann im Januar 1918 mit der Zwangsersetzung seines langjährigen engsten Beraters Valentini durch den erzkonservativen Friedrich Wilhelm von Berg als Chef des Zivilkabinetts seinen Tiefpunkt.

Nach dem Scheitern der Ludendorff-Offensive im Sommer 1918 war der Krieg verloren. Für das hungernde Volk und das Heer erschien der Kaiser selbst als Hindernis für das ersehnte Kriegsende; eine revolutionäre Stimmung daheim und an der Front entwickelte sich in rasantem Tempo. Die neue Regierung unter Reichskanzler Prinz Max von Baden hoffte auf einen rechtzeitigen Thronverzicht Wilhelms II., der durch die Einsetzung der Regentschaft eines jungen Prinzen die Rettung der monarchischen Staatsform ermöglichen könnte, doch vergebens. Wilhelm erklärte: «Ich gehe nicht; tue ich es, zerfällt das Reich. [...] Der Kanzler ist den Verhältnissen nicht gewachsen, das Auswärtige Amt hat die Hosen bereits gestrichen voll.» Am 1. November 1918 reiste der preußische Innenminister Bill Drews zum Hauptquartier nach Spa, um dem Kaiser im Auftrag des Kanzlers den Thronverzicht nahezulegen, doch auch jetzt schimpfte der Monarch: «Ich danke nicht ab. Es würde dies mit den Pflichten, die ich als preußischer König und Nachfolger Friedrichs des Großen vor Gott, dem Volke und meinem Gewissen habe, unvereinbar sein. [...] Meine Abdankung würde der Anfang vom Ende aller deutschen Monarchien sein. [...] Vor allem aber verbietet mir auch meine Pflicht als oberster Kriegsherr, jetzt die Armee im Stich zu lassen. Das Heer steht in heldenhaftem Kampfe mit dem Feinde. Sein fester Zusammenhalt beruht in der Person des obersten Kriegsherrn. Geht dieser fort, so fällt die Armee auseinander und der Feind bricht ungehindert in die Heimat ein.» Noch am 3. November 1918 gab sich Wilhelm ausgesprochen kämpferisch und drohte den Revolutionären, «die Antwort mit Maschinengewehren auf das Pflaster zu schreiben». «Ich denke nicht daran, wegen der paar 100 Juden und der 1000 Arbeiter den Thron zu verlassen.»

An diesem Tag brach in Kiel – ausgerechnet in Wilhelms Marine – die Revolution aus, die sich in Windeseile über ganz Deutschland ausbreitete. Die deutschen Fürstenhäuser verzichteten auf den Thron, in Berlin drohte Chaos und Bürgerkrieg. Eine Umfrage unter den Truppenkommandeuren in Spa ergab, daß die Soldaten, «total müde und abgekämpft», nicht bereit wären, gegen ihre Landsleute für ihren Kaiser zu kämpfen, der ihnen «eigentlich ganz gleichgültig» sei. Der Vorschlag Plessens, Wilhelm möge als Deutscher Kaiser abdanken, jedoch als König von Preußen bleiben, wurde als staatsrechtlich unmöglich verworfen. Während man im Hauptquartier nach solchen Auswegen sann, mußte Prinz Max von Baden in Berlin den Thronverzicht Wilhelms II. als Kaiser und König verkünden, um Herr der

Lage zu bleiben. Wenige Stunden darauf rief Philipp Scheidemann die deutsche Republik aus. General Groener, der Ludendorffs Nachfolge angetreten hatte, erinnerte sich an den Moment, in dem dem Kaiser klar wurde, daß die Hohenzollernmonarchie am Ende war. «Er sagte nichts, schaute nur – schaute von dem einen zum anderen mit einem Blick zuerst der Verwunderung, dann der mitleiderregenden Anflehung, schließlich nur der merkwürdigen vagen Bestürzung. Er sagte nichts, und wir führten ihn, ganz als wäre er ein kleines Kind – und schickten ihn nach Holland.»

VII. Der rachsüchtige Exilant (1918–1941)

Ein neues Leben in Amerongen und Doorn

Am frühen Sonntagmorgen, dem 10. November 1918, erschien am belgisch-holländischen Grenzübergang Eijsden ein gespenstischer Autokonvoi. Der Kaiser hatte im Morgengrauen das Große Hauptquartier in Spa in seinem Hofzug verlassen. Aus Furcht vor einem Überfall der eigenen Soldaten war er jedoch schon nach wenigen Kilometern mit seiner engsten Umgebung in zwei Kraftwagen umgestiegen in der Hoffnung, unerkannt die neutralen Niederlande zu erreichen. Unter Beschimpfung der aufgebrachten Bevölkerung mußte Wilhelm II. in Eijsden mit dem Bahnsteig vorliebnehmen, bis der Hofzug mit dem restlichen Gefolge und den Bediensteten nachkommen konnte. Nach telefonischen Verhandlungen gewährte Königin Wilhelmina dem Kaiser Asyl, und Graf Godard van Aldenburg-Bentinck erklärte sich bereit, ihn für drei Tage in Kastell Amerongen aufzunehmen. Tatsächlich blieben die ungebetenen Gäste – die Kaiserin war nachgekommen – die nächsten 18 Monate in diesem Wasserschloß, bis Wilhelm im Mai 1920 in das benachbarte, von der Baronesse van Heemstra für 1,35 Millionen erworbene Huis Doorn mit seinem Park von 59 Hektar einziehen konnte. Am 28. November 1918 verzichtete Wilhelm förmlich «für alle Zukunft auf die Rechte an der Krone Preußens und damit verbundenen Rechte an der deutschen Kaiserkrone».

Dank der Großzügigkeit der «Saurepublik» von Weimar, wie er sie nannte, konnte der Kaiser im Exil im Vergleich zu seinen gebeutelten ehemaligen Untertanen ein beneidenswertes Leben führen. Bereits Ende November 1918 bewilligte die Berliner Revolutionsregierung «zur Führung eines standesgemäßen Unterhalts» die Überweisung von Millionenbeträgen an den Exil-Monarchen: Im ersten Jahr des Exils beliefen sie sich auf rund 66 Millionen Reichsmark. Im Mai 1921 forderte der Hausminister weitere 10 Millionen Reichsmark aus der Staatskasse an, die auch bewilligt wurden. Von Anfang an stand dem Kaiser zudem der Inhalt seines Hofzuges zur Verfügung, der unter anderem 300 Teller mit entsprechendem Silberbesteck umfaßte. Am 1. September 1919 gab der preußische Finanzminister die «für die Einrichtung der Wohnung des ehemaligen Kaisers und Königs [...] bestimmten Möbel und sonstigen Einrichtungsgegenstände» frei. Nicht weniger als 59 Eisenbahnwaggons wurden benötigt, um das kaiserliche «Umzugsgut» nach Holland zu verfrachten. Umsonst warnten die Sozialdemokraten davor, diesem «erledigten Monarchen», «in dem Millionen und Abermillionen einen der Hauptschuldigen an dem Kriege und dem daraus hervorgegangenen Elend sehen», solche Großzügigkeit angedeihen zu lassen.

Nach einem Volksentscheid im Juni 1926 kam es zur endgültigen Gütertrennung zwischen dem Staat und der Hohenzollernfamilie. In einem Vertrag vom 29. Oktober 1926 wurde ein Drittel der 60 ehemals königlichen Schlösser – darunter Bellevue, Babelsberg, Monbijou, Königswusterhausen, Cecilienhof, Oels, das Palais Kaiser Wilhelms I. und das Niederländische Palais Unter den Linden, das Prinz-Albrecht-Palais in der Wilhelmstraße sowie die Hälfte der Burg Hohenzollern im württembergischen Hechingen – den Hohenzollern zugesprochen zusammen mit dem Jagdhaus Rominten in Ostpreußen, dem Gut Cadinen in Westpreußen und dem Achilleion auf Korfu. Sogar den Sattel, auf dem er im Stadtschloß am Schreibtisch gesessen hatte, konnte Wilhelm in seinem Turmzimmer in

Doorn wieder verwenden. Als er 1941 verstarb, hatte sein Reinnachlaß einen Wert von fast 13 Millionen Mark.

Kein anderer flüchtiger Monarch konnte sich einer derart generösen Abfindung erfreuen wie Wilhelm II. Und dennoch war sein Leben im Exil von Bitterkeit und Depressionen geprägt. Der verlorene Krieg, die Revolution in der Heimat, der «Verrat» der Generäle in Spa, die Flucht über die Grenze und die drohende Auslieferung an die Siegermächte – der Kaiser erlitt im Dezember 1918 einen Nervenzusammenbruch und legte sich, wie er das oft schon getan hatte, ins Bett. Sechs Wochen lang verließ er sein Zimmer nicht. Bis März 1919 trug er einen Verband um den Kopf; sein altes Ohrenleiden sei wieder akut geworden, hieß es. Gerüchte von einem Selbstmordversuch machten die Runde. Nicht wenige treue Besucher empfanden das Dasein ihres Kaisers erniedrigend und hegten im stillen den Wunsch, der Tod möge dem unwürdigen Zustand ein Ende bereiten.

Mit dem Tod der herzkranken Kaiserin im April 1921 nahm Wilhelms Vereinsamung derart bedenkliche Formen an, daß sein Leibarzt Dr. Alfred Haehner ein Abgleiten in die menschenverachtende Eigenbrötlerei befürchtete. Er empfahl dringend mehr geselligen Kontakt, vor allem zu Frauen. Und bald trafen Frauen im Überfluß in Doorn ein in der Hoffnung, den 62jährigen Exilmonarchen zu umgarnen: eine hellseherische finnische Ärztin, zwei temperamentvolle ungarische Schwestern, die Prinzessin Luise zu Solms, Ittel von Tschirschky, die Erbprinzessin Marie Christine zu Salm-Salm, Catalina von Pannwitz und die verwitwete Auguste von Tiele-Winckler. Gabriele von Rochow kam mehrmals zu Besuch und brachte den Kaiser zeitweilig sogar zu der Überzeugung, er könne doch auch eine Frau aus dem Bürgerstand oder aus dem einfachen Adel heiraten, statt sich an das Prinzip der Ebenbürtigkeit zu halten. Den größten Eindruck auf ihn machte die fünfundzwanzigjährige Cornelia (Lily) van Heemstra, eine frühere Geliebte des Kronprinzen, die der Kaiser seinen «kleinen Sonnenschein» nannte. Er und Lily Heemstra sprachen offen von der Möglichkeit der Ehe, doch der Altersunterschied war einfach zu groß, und sie zog weiter nach Kronberg in der Hoffnung, einen der vier Hessenprinzen heiraten zu können.

In der kleinen Umgebung wurde dieses Kommen und Gehen mit Argusaugen beobachtet, doch alle waren überrascht, als der Kaiser im Juni 1922 die verwitwete Prinzessin Hermine von Schönaich-Carolath, Tochter des Prinzen Heinrich XXII. von Reuss älterer Linie, die er nie gesehen hatte, nach Doorn einlud. Sie traf am 9. Juni ein, und zwei Tage darauf war sie mit Wilhelm verlobt. Die Heirat, die am 5. November 1922 in Doorn stattfand, galt überall und nicht zuletzt in der kaiserlichen Familie als eklatante Mesalliance. Nicht nur war «Hermo» kaum älter als seine eigene Tochter; sie brachte fünf Kinder, das jüngste erst drei Jahre alt, mit in die Ehe; sie bestand von Anfang an darauf, zweimal im Jahr auf mehrere Wochen nach Deutschland zurückkehren zu dürfen; und sie verlangte, als Majestät angeredet zu werden. Sie erwies sich als streitsüchtig und ehrgeizig: Der Hausminister Friedrich von Berg und nicht er allein waren der Überzeugung, sie habe den Kaiser nur in der Erwartung geheiratet, als Deutschlands neue Kaiserin den Thron besteigen zu können, und sagten voraus, sie würde verbittert werden, sobald sie der Unmöglichkeit einer Restauration gewahr werde. Aber auch Wilhelm hatte Hermine unter anderem in der Illusion zu seiner Braut gewählt, seine Ehe mit einer blaublütigen Prinzessin würde die Chancen seiner Wiederkehr als Kaiser und König erhöhen.

Der rabiate Antisemit im Exil

Eine Rückkehr auf den Thron wäre alles andere als ein Jubelfest gewesen. Vielmehr stand ein blutiger Bürgerkrieg und wahrscheinlich auch ein Krieg mit Polen, der Tschechoslowakei, Frankreich und Großbritannien zu erwarten. In der ganzen Welt war Wilhelm verhaßt als derjenige, dessen überbordender Militarismus, Navalismus und hegemonialer Expansionsdrang das Desaster des großen Krieges heraufbeschworen hatte. Er wurde als Kriegsverbrecher gesucht und entkam einer Verurteilung und Verbannung etwa auf die Teufelsinsel wohl nur deshalb, weil die niederländische Regierung sich weigerte, ihn an die Siegermächte auszuliefern. In Deutschland selbst hatte er den Rest der Verehrung für die Hohenzollernmonarchie, der nach seiner dreißigjährigen Herrschaft noch übriggeblieben war, durch seine Flucht nach Holland verspielt. Die Enthüllung der Willy-Nicky-Korrespondenz aus den russischen Archiven, die Veröffentlichung seiner Randbemerkungen in der Julikrise 1914, die Memoiren der Zeitgenossen, die auf den Zusammenbruch 1918 folgten – dagegen konnte Wilhelm mit seinen apologetischen Erinnerungsbüchern nicht ankommen. Bald versank er in einen brutalen paranoiden Alptraum, durchdrungen von der Vorstellung, daß satanische Machinationen am Werk gewesen seien, um ihn und alles Edle zu vernichten, wofür er zeitlebens ritterlich gekämpft habe und immer noch kämpfe: der wahre germanische Gott, die Bibel, gereinigt von jüdischer und römischer Kontamination, die autokratische preußische Militärmonarchie seiner illustren Vorfahren, das wiedererstarkte Deutsche Reich, befreit von den Ketten der anglo-französischen Entente und dem Diktatfrieden von Versailles, wieder bereit, kraft seines herrlichen Heeres seinen angemessenen Platz unter den ersten Mächten der Welt einzunehmen.

Die Rache, die der Kaiser an seinem eigenen Volk zu üben gedachte, wäre furchterregend ausgefallen. Die Deutschen hätten «Verrat, gemeine Felonie, Feigheit» an ihm verübt; er werde ganz bestimmt «wiederkommen, aber nur auf den Knien gebeten, und dann werden die Köpfe fliegen». Die Novemberrevolution sei ein «Verrath des von dem Judengesindel getäuschten belogenen Deutschen Volkes gegen Herrscherhaus u. Heer!» gewesen, es werde dafür «schwer gestraft!» Wilhelms fixe Idee einer Weltverschwörung der Juden, Freimaurer und Katholiken gegen die protestantische deutsche Monarchie wurde in seinen Augen bestätigt durch die Ernennung Walther Rathenaus zum Minister in der vom Zentrum angeführten Koalitionsregierung Wirth im Mai 1921. Seinem Leibarzt sagte er: «Man erkenne daraus wieder die Verbindung des Ultramontanismus mit dem internationalen jüdischen Freimaurertum, denen es nur darauf ankomme, das evangelische Kaisertum nicht mehr aufkommen zu lassen. […] Dahinter steckten die Jesuiten im Auftrage Roms und man bediene sich Erzbergers als Werkzeug.» Als Matthias Erzberger ermordet wurde, tanzte der Kaiser vor Freude und ließ Sekt kredenzen; nichts habe ihm eine größere Freude bereitet seit seiner Ankunft in Holland. Die manichäische Einteilung der Welt in Gut und Böse, Gott und Satan, Christus und Antichrist, Protestantismus und Katholizismus, Monarchie und Demokratie, Deutsche und Juden, die seinem Denken im Exil zugrunde lag, fand nicht zuletzt Ausdruck auch in einem grauenerregenden Antisemitismus.

1927 erklärte Kaiser Wilhelm II. einem amerikanischen Freund: «Die hebräische Rasse ist mein Erz-Feind im Inland wie im Ausland; sie sind was sie sind und immer waren: Lügenschmiede und Drahtzieher von Unruhen, Revolution und Umsturz, indem sie mit Hilfe ihres vergifteten, ätzenden, satirischen Geistes Niederträchtigkeit verbreiten. Wenn die Welt einmal erwacht, muß ihnen die verdiente Strafe zugemessen werden.» Von einer solchen Auffassung war es nicht mehr weit zum Antisemitismus der Vernichtung. Am 2. Dezember 1919 schrieb er eigenhändig dem allertreuesten seiner Generalfeldmarschälle, August von Mackensen: «Die tiefste und gemeinste Schande, die je ein Volk in der Geschichte fertiggebracht, die Deutschen haben sie verübt an sich selbst. Angehetzt und verführt durch den ihnen verhaßten Stamm Juda, der Gastrecht bei ihnen genoß. Das war sein Dank! Kein Deutscher vergesse das je, und ruhe nicht bis diese Schmarotzer vom Deutschen Boden vertilgt und ausgerottet sind! Dieser Giftpilz am Deutschen Eichbaum!» 1920 erschreckte er den General Max von Mutius mit der Behauptung, «die Welt würde nicht eher Ruhe haben und besonders Deutschland nicht, bis nicht alle Juden tot geschlagen oder wenigstens des Landes verwiesen wären». Als Mutius einwandte, das werde «ja nun leider nicht gehen, sie alle tot zu schlagen», erwiderte Wilhelm erregt: «Liebes Kind, das kann ich und werde ich tun. Das will ich Ihnen schon zeigen.» Im März 1921 setzte er seinen Gästen beim Abendessen auseinander: «Wenn wieder einmal andere Zeiten in Deutschland kämen, müßten die Juden gehörig daran glauben. Etwa 80 Milliarden seien von ihnen ins Ausland verschoben worden. Die müßten sie ganz wieder ersetzen, zunächst müßte die Regierung von ihnen 15 Milliarden sofort verlangen. Alles müßten sie hergeben, ihre Sammlungen, ihre Häuser, jedweden Besitz. Aus allen Beamtenstellungen müßten sie ein für alle Mal entfernt werden, sie müßten vollkommen zu Boden geworfen werden.» Er rief nach einem «regelrechten internationalen Allerweltspogrom» als «die beste Lösung». Und am 15. August 1927 schrieb er mit eigener Hand: «Die Presse, Juden und Mücken sind eine Pest, von der sich die Menschheit so oder so befreien muß. Das Beste wäre wohl Gas.»

Der Kaiser und Hitler

Trotz anfänglicher Vorbehalte gegen die völkische Bewegung setzte Wilhelm große Hoffnungen auf Hitler, nachdem dieser 1928 seinen Rechtsschwenk vollzogen und 1929 im Volksbegehren gegen die «Kriegsschuldlüge» mit Hugenberg paktiert hatte. Die verblüffenden Wahlerfolge der NSDAP und der Übergang zu einer Präsidialregierung in Berlin schienen den Weg zu einer Wiedereinführung der Monarchie frei zu machen. Der Kaisersohn, Prinz August Wilhelm, trat in die Partei und in die SA ein und wurde von Hitler als Ehrengast zum Parteitag in Nürnberg eingeladen. Auch die «Kaiserin» Hermine entpuppte sich als glühende Verehrerin des «Führers». Sie redete auf Hitler ein, er solle doch ihren Mann nach Deutschland zurückholen. Am 17. und 18. Januar 1931, dem 60. Jahrestag der Versailler Kaiserproklamation 1871, traf Hermann Göring mit seiner Frau Carin zu einem zweitägigen Besuch des Kaiserpaares in Doorn ein. Ein zweiter Besuch Görings fand am 20. und 21. Mai 1932 statt. Die Hohenzollern wähnten sich fast am Ziel. «In Doorn hört man seit Monaten nur noch, daß die Nationalsozialisten den Kaiser auf den Thron zurückbringen werden», schrieb Sigurd von Ilsemann, der Schwiegersohn des Grafen Bentinck, Weihnachten 1931 in sein Tagebuch.

Nach der «Machtergreifung» kam es zu direkten Verhandlungen zwischen Hitler und Vertretern des Hohenzollernhauses über die Frage der Wiedereinführung der Monarchie. Am 9. Mai 1933 präzisierte Hitler seinen Standpunkt vielsagend wie folgt: «1.) Als Abschluß seiner Arbeit sehe er die Monarchie. 2.) Für ihn gebe es nur eine deutsche Monarchie; Monarchien in den Bundesstaaten (Ländern) lehne er ab. 3.) Für die Monarchie käme nur das Haus Hohenzollern in Betracht. 4.) Der Augenblick für die Wiedererrichtung der Monarchie sei noch nicht gekommen. […] 5.) Hitler sei […] in erster Linie Soldat. Als solcher halte er es für möglich, daß die Monarchie durch ein Plebiszit oder dergleichen wiederkommen könne. Nur die Armee könne nach einem siegreichen Kriege [sic!] den Kaiser wieder auf den Thron bringen.» In Verhandlungen in der Reichskanzlei am 24. Oktober 1933 verriet Hitler dem Generalbevollmächtigten des königlichen Hauses, General von Dommes, seine drastischen längerfristigen Ziele, die eine Restauration der Monarchie vorerst unmöglich machten. «Was die Staatsform betreffe, so wolle er sich vorläufig ganz zurückhalten», erklärte er. «Natürlich wisse er, daß ein System nicht auf 2 Augen ruhen könne, sondern in einem Haus begründet sein müsse. Er habe keine Familie, sein Name sei in Deutschlands Geschichte eingetragen, in wenigen Jahren würde er dort für alle Zeiten verankert sein. Er habe keinen weiteren Ehrgeiz, als die Lösung der Aufgaben, die er sich gestellt habe: vor allem Rettung Deutschlands vor dem Bolschewismus u. Befreiung von der Judenherrschaft.» Es sei ihm fraglich, ob eine Monarchie hart genug sein könne, um die unvermeidlichen blutigen Kämpfe auf sich zu nehmen. «In der Judenfrage würde er von den wenigsten Menschen verstanden […] Nun wurde Hitler leidenschaftlich [fuhr Dommes fort]: er legte eingehend dar, daß und weshalb die Juden das Unglück Deutschlands geworden seien, die Revolution gemacht hätten pp. Die Juden müßten deshalb ausgeschaltet werden. Das sei von jeher sein Ziel gewesen. Davon lasse er sich nicht abbringen. […] Die Niederwerfung von Kommunismus u. Judentum seien die Aufgaben, die er sich gesteckt habe u. die er lösen müsse. Er wisse nicht, wie viel Zeit ihm dazu gelassen sei.» Auf die verwunderte Frage Dommes', ob er tatsächlich der Meinung sei, daß «die Monarchie zur Lösung der skizzierten Aufgaben nicht geeignet sei», ging Hitler nicht ein, «sondern kam wieder auf die Judenfrage zurück. Dann beendete er plötzlich die Unterredung.»

So enttäuschend für Wilhelm diese Entscheidung auch war und so entsetzt er sich auch gelegentlich über die Exzesse des NS-Regimes geäußert hat: in den außenpolitischen Erfolgen Hitlers, die er mit Begeisterung kommentierte, sah er eine willkommene Fortsetzung seiner eigenen Hegemonialbestrebungen. So schrieb er nach der Unterzeichnung des Münchner Abkommens im September 1938: «Es war eine Eingebung Gottes, die Chamberlain veranlaßte, den Frieden zu sichern! Ein klarer Beweis für den Einfluß des Himmels auf Erden. Das Münchner Abkommen, das den Kriegsbefürwortern den Frieden *aufzwang*, hat Onkel Berties [Edwards VII.] Politik gegen uns zerschlagen & unter allgemeinem Einverständnis der Völker das *Europäische Konklave* bewirkt, das ich vergeblich 30 Jahre lang erwünscht habe.» Und weiter: «Wenn Grey sich 1914 so verhalten hätte wie Chamberlain 1938, hätte es keinen Weltkrieg gegeben. Aber 1914 *wollte* das englische Volk den Krieg, 1938 *fürchtete* es ihn!» Als es aber ein Jahr später doch zum Krieg kam, jubelte der Kaiser: «Der polnische Feldzug war prachtvoll. Altpreussischer Geist, die Führer ‹Meine Schule›!» Hermine berichtete Ende 1939: «Wir zweifeln nicht daran, dass es ihm [Adolf Hitler] gelingen wird, das perfide England niederzuringen und Deutschland den Platz an der Sonne zu erobern, den es braucht und verdient. [...] Der Kaiser ist stolz auf diese junge Wehrmacht und freut sich an allen Schlaegen die England bekommt.» Beim deutschen Einmarsch in Holland im Mai 1940 lehnte Wilhelm das Angebot seines Vetters George V., ihm Asyl zu gewähren, mit der verächtlichen Bemerkung ab, daß er sich lieber erschießen lassen würde, als nach England zu flüchten; «er habe keine Lust, mit Churchill zusammen photographiert zu werden».

Die Flucht der britischen Armee bei Dünkirchen und die Kapitulation Frankreichs rief in Doorn wilde Begeisterung hervor. Am 31. Mai 1940 prahlte Wilhelm: «Das Gottesgericht über Juda-England hat eingesetzt. Vernichtung in Flandern.» Beim Einzug der deutschen Truppen in Paris sandte der Kaiser dem «Führer» ein Glückwunschtelegramm, das diesen Sieg in die Kette der preußisch-deutschen Eroberungen unter seinen eigenen Vorfahren einreihte. «Unter dem tiefgreifenden Eindruck der Waffenstreckung Frankreichs beglückwünsche ich Sie und die gesamte deutsche Wehrmacht zu dem von Gott geschenkten gewaltigen Siege mit den Worten Kaiser Wilhelms des Großen vom Jahre 1870: ‹Welche Wendung durch Gottes Fügung!› In allen deutschen Herzen erklingt der Choral von Leuthen, den die Sieger von Leuthen, des großen Königs Soldaten, anstimmten: Nun danket alle Gott!» Wie schon im Münchner Abkommen und im Feldzug gegen Polen sah Wilhelm II. in der Kapitulation Frankreichs die Rechtfertigung und Vollendung seiner eigenen Hegemonialpolitik. Hitlers Krieg, so jubelte der Kaiser im September 1940, sei «eine Folge von Wundern! Der altpreußische Geist von Fredericus Rex, von Clausewitz, Blücher, Yorck, Gneisenau etc. hat sich wieder gezeigt, wie in 1870–71. [...] Die brillanten führenden Generäle in diesem Krieg kamen aus *Meiner* Schule, sie kämpften unter meinem Befehl im [Ersten] Weltkrieg als Leutnants, Hauptmänner und junge Majoren. Geschult von Schlieffen führten sie die Pläne durch, die er unter meiner Leitung ausgearbeitet hatte, genauso wie wir es 1914 taten.» Endlich sei die Gleichgewichtspolitik, die England seit der Zeit Edwards VII. gegen Deutschland verfolgt habe, zerschmettert und der Kontinent unter deutscher Vorherrschaft vereint. «Hier drüben sind die Vereinigten Staaten von Europa in der Entstehung, den ganzen Kontinent zu einem Block von Nationen formend», schrieb er im November 1940. «Die Hand Gottes erschafft eine neue Welt & wirkt Wunder. Daß Frankreich endlich die vergiftete Entente Cordiale Onkel Berties mit England aufgegeben & sich auf Seiten Deutschlands & Italiens begeben hat, über den Appell des Königs hinweggehend, ist ein *Wunder!* Wir werden die *Vereinigten Staaten von Europa* unter deutscher Führung, ein vereinigter europäischer Kontinent, den niemand jemals zu erleben erhoffte!»

Das Ausharren Großbritanniens gegen die deutsche Übermacht auf dem Kontinent erklärte sich der Kaiser in altvertrauter Manier: Die Juden und Freimaurer seien wieder am Werk! Er schwafelte von der Erforderlichkeit, nun auch das von Juden und Freimaurern *«durchseuchte»* England, das Land Satans, *«vom Antichrist Juda»* zu befreien. Deutschland müsse *«Juda* aus England *vertreiben*, wie er schon aus dem Continent verjagt ist. Auch in England wie auf dem Continent muß der *Antichrist Juda hinausgestoßen* werden.» Zweimal – 1914 und 1939 – hätte das Judentum mit Englands Hilfe den Krieg gegen Deutschland vom Zaune gebrochen, um «auf Satans *Geheiß*» das «*Weltreich* Juda» aufzurichten, doch «da griff Gott ein und zerschlug den Plan!» Jetzt stehe Europa im Begriff, «unter Entledigung der Briten und Juden sich gegen britische Einflüsse zu konsolidieren und abzuschließen». Die glückliche Folge würden die «United States of Europe!» sein. In Briefen aus seinem letzten Lebensjahr jubelte er: «Die Juden verlieren ihre unheilvollen Positionen in allen Ländern, die sie seit Jahrhunderten zur Feindlichkeit getrieben haben.» «Die Taten unserer tapferen Truppen sind herrlich, Gott gab ihnen den Erfolg. – Möge Er ihnen weiterhin zu einem Frieden in Ehren & zum Sieg über Juda & den Antichrist in britischem Gewand verhelfen», schrieb er noch am 20. April 1941. Noch in dieser dunkelsten Stunde Europas war Wilhelm II. nicht in der Lage, das Ausmaß der ungeheuren Weltkatastrophe zu begreifen, die ihren Lauf nahm. Während Hitler und die Wehrmacht die letzten Vorbereitungen für den Vernichtungskrieg im Osten trafen, träumte der Kaiser, bis zuletzt der selbstgerechte Gottesstreiter, beglückt vom deutschen «Endsieg». Er starb in Doorn am 4. Juni 1941.

Literaturhinweise

I. Quellen

Ponsonby, Sir Frederick (Hrsg.), Briefe der Kaiserin Friedrich, Berlin 1929

Fulford, Roger (Hrsg.), Dearest Child. Private Correspondence of Queen Victoria and the Crown Princess of Prussia, 5 Bde., London 1964–81

Meisner, Heinrich Otto (Hrsg.), Denkwürdigkeiten des General-Feldmarschalls Alfred Grafen von Waldersee, 3 Bde., Stuttgart-Berlin 1922–23

Rich, Norman, Fisher, M. H. und Frauendienst, Werner (Hrsg.), Die Geheimen Papiere Friedrich von Holsteins, 4 Bde., Göttingen 1956–63

Röhl, John C. G. (Hrsg.), Philipp Eulenburgs Politische Korrespondenz, 3 Bde., Boppard-am-Rhein 1976–83

Fuchs, Walther Peter (Hrsg.), Großherzog Friedrich I. von Baden und die Reichspolitik 1871–1907, 4 Bde., Stuttgart 1968–80

Goetz, Walter (Hrsg.), Briefe Wilhelms II. an den Zaren 1894–1914, Berlin 1920

Obst, Michael A. (Hrsg.), Die politischen Reden Kaiser Wilhelms II. Eine Auswahl, Paderborn 2011

Epkenhans, Michael (Hrsg.), Albert Hopman. Das ereignisreiche Leben eines «Wilhelminers». Tagebücher, Briefe, Aufzeichnungen 1901 bis 1920, München 2004

Görlitz, Walter (Hrsg.), Der Kaiser… Aufzeichnungen des Chefs des Marinekabinetts Admiral Georg Alexander v. Müller über die Ära Wilhelms II., Göttingen 1965

Görlitz, Walter (Hrsg.), Regierte der Kaiser? Kriegstagebücher, Aufzeichnungen und Briefe des Chefs des Marine-Kabinetts Admiral Georg Alexander von Müller, Göttingen 1959

Kautsky, Karl (Hrsg.), Die deutschen Dokumente zum Kriegsausbruch, 4 Bde., Charlottenburg 1919

Afflerbach, Holger (Hrsg.), Kaiser Wilhelm II. als Oberster Kriegsherr im Ersten Weltkrieg. Quellen aus der militärischen Umgebung des Kaisers 1914–1918, München 2005

Koenigswald, Harald von (Hrsg.), Sigurd von Ilsemann. Der Kaiser in Holland. Aufzeichnungen des letzten Flügeladjutanten Kaiser Wilhelms II., 2 Bde., München 1967–68

Franzen, Christoph Johannes, Kohl, Karl-Heinz und Recker, Marie-Luise (Hrsg.), Der Kaiser und sein Forscher. Der Briefwechsel zwischen Wilhelm II. und Leo Frobenius (1924–1938), Stuttgart 2012

II. Biographien und biographische Studien

Ludwig, Emil, Wilhelm der Zweite, Berlin 1925

Eyck, Erich, Das persönliche Regiment Wilhelms II. Politische Geschichte des deutschen Kaiserreichs von 1890 bis 1919, Erlenbach-Zürich 1948

Cecil, Lamar, Wilhelm II, 2 Bde., Chapel Hill 1989–96

Röhl, John C. G. und Sombart, Nicolaus (Hrsg.), Kaiser Wilhelm II. New Interpretations. The Corfu Papers, Cambridge 1982

Gutsche, Willibald, Wilhelm II. Der letzte Kaiser des Deutschen Reiches, Berlin 1991

Sombart, Nicolaus, Wilhelm II. Sündenbock und Herr der Mitte, Berlin 1996

Röhl, John C. G. (Hrsg.), Der Ort Kaiser Wilhelms II. in der deutschen Geschichte, München 1991
Röhl, John C. G., Kaiser, Hof und Staat. Wilhelm II. und die deutsche Politik, München 1987, Beck'sche Reihe 2002
Röhl, John C. G., Wilhelm II., 3 Bde., München 1993–2008
Rogasch, Wilfried (Hrsg.), Victoria & Albert, Vicky & The Kaiser. Ein Kapitel deutsch-englischer Familiengeschichte, Berlin 1997
Baechler, Christian, Guillaume II d'Allemagne, Paris 2003
Mombauer, Annika und Deist, Wilhelm (Hrsg.), The Kaiser. New Research on Wilhelm II's Role in Imperial Germany, Cambridge 2003
Clark, Christopher, Wilhelm II. Die Herrschaft des letzten deutschen Kaisers, München 2008
Wilderotter, Hans und Pohl, Klaus-D., Der letzte Kaiser. Wilhelm II. im Exil, Gütersloh-München 1991
Gutsche, Willibald, Ein Kaiser im Exil. Der letzte deutsche Kaiser Wilhelm II. in Holland. Eine kritische Biographie, Marburg 1991

III. Studien zu einzelnen Themenbereichen

Hull, Isabel V., The Entoutage of Kaiser Wilhelm II 1888–1918, Cambridge 1982
Marschall, Birgit, Reisen und Regieren. Die Nordlandfahrten Kaiser Wilhelms II., Heidelberg 1991
Winzen, Peter, Im Schatten Wilhelms II. Bülows und Eulenburgs Poker um die Macht im Kaiserreich, Göttingen 2011
Berghahn, Volker R., Der Tirpitzplan. Genesis und Verfall einer innenpolitischen Krisenstrategie unter Wilhelm II., Düsseldorf 1971
Lerman, Katharine Anne, The Chancellor as Courtier. Bernhard von Bülow and the Governance of Germany, 1900–1909, Cambridge 1990
Winzen, Peter, Das Ende der Kaiserherrlichkeit. Die Skandalprozesse um die homosexuellen Berater Wilhelms II. 1907–1909, Köln-Weimar-Wien 2010
Winzen, Peter, Das Kaiserreich am Abgrund. Die Daily Telegraph-Affäre und das Hale-Interview von 1908. Darstellung und Dokumentation, Stuttgart 2002
Kohlrausch, Martin, Der Monarch im Skandal. Die Logik der Massenmedien und die Transformation der wilhelminischen Monarchie, Berlin 2005
Kohut, Thomas A., Wilhelm II and the Germans. A Study in Leadership, Oxford 1991
Reinermann, Lothar, Der Kaiser in England. Wilhelm II. und sein Bild in der britischen Öffentlichkeit, Paderborn 2001
Mommsen, Wolfgang J., War der Kaiser an allem schuld? Wilhelm II. und die preußisch-deutschen Machteliten, München 2002
König, Alexander, Wie mächtig war der Kaiser? Kaiser Wilhelm II. zwischen Königsmechanismus und Polykratie von 1908 bis 1914, Stuttgart 2009
Machtan, Lothar, Die Abdankung. Wie Deutschlands gekrönte Häupter aus der Geschichte fielen, Berlin 2008
König, Wolfgang, Wilhelm II. und die Moderne. Der Kaiser und die technisch-industrielle Welt, Paderborn 2007
Benner, Thomas Hartmut, Die Strahlen der Krone. Die religiöse Dimension des Kaisertums unter Wilhelm II. vor dem Hintergrund der Orientreise 1898, Marburg 2001
Brude-Firnau, Gisela, Die literarische Deutung Kaiser Wilhelms II. zwischen 1889 und 1989, Heidelberg 1996
Petzold, Dominik, Der Kaiser und das Kino. Herrschaftsinszenierung, Populärkultur und Filmpropaganda im Wilhelminischen Zeitalter, Paderborn 2012
Rebentisch, Jost, Die vielen Gesichter des Kaisers. Wilhelm II. in der deutschen und britischen Karikatur, Berlin 2000

Personenregister